日本史を支えてきた

和紙の話

朽見行雄
Kuchimi Yukio

草思社

はじめに

二世紀の初め、後漢時代の中国で、初めて植物の繊維を漉《す》いて文字を書くのに適した紙が作られた。

紙誕生以前の世界の書写材としては、石や粘土板、木や竹、パピルス（葦《あし》に似た草から作った紙のようなもの）、木の葉、動物の皮や骨、絹布などがあった。しかしこれらは、筆記性や扱いやすさ、運搬や保存、量産、価格などの面で課題があった。そこに登場したのが、紙である。紙は、人類が初めて手にした、極めて実用的かつ大量生産も可能な、最高の書写材であり、コミュニケーションツールだった。

日本古来の製法による紙を、「和紙」という。日本に豊富にあった楮《こうぞ》、三椏《みつまた》、雁皮《がんぴ》などの植物の繊維を原料とし、手漉きによって作る。紙質が強く、吸湿性に富み、保存性にも優れ、風合いも素晴らしい。

和紙は、単なる書写材ではない。日本画や浮世絵などの画材から、障子・襖《ふすま》・衝立《ついたて》・屛《びょう》風《ぶ》などの建具、行灯《あんどん》・扇子・うちわ・傘・懐紙・ちり紙などの日用品に至るまで、古くより日本人の生活や文化は、常に和紙とともにあった。これほどの用途の広さと機能、美を併せ持つ紙は、紙発祥の地である中国にも、西洋にも存在しない。和紙は、一般的に考える紙という枠組みを超えた、世界に類を見ない存在なのである。

その和紙の歩みをたどると、これまで知らなかった日本史の側面や、日本文化の真髄、日本人の精神性が見えてくる。和紙は日本史の支えであり、日本人の心そのものなのである。

本書では、全十一章にわたり、古代から現代まで、和紙が日本人の歴史や文化において果たしてきた知られざる役割を綴っていこうと思う。ここでは、そのさわりを少し紹介しておこう。

◉三世紀の「魏志倭人伝《ぎしわじんでん》」にある、邪馬台国《やまたいこく》の女王・卑弥呼が魏から国書を受け取り、魏に返書をした（二三九年）話は有名である。しかし、問題は卑弥呼が返書を何に書いたか、である。年代からすると、魏の国書は最先端の書写材、紙である。その返事に木や竹、布などを使っていては、国威にかかわる。ところが、当時、邪馬台国が紙を作っていたという証拠はない。卑弥呼はどうしたのだろうか（第一章）。

◉日本に紙作りの技術を伝えたのは、古墳時代（三世紀後半〜七世紀頃）に朝鮮半島や中国大陸からやってきた渡来人だった。では、日本人はいつから自前の紙漉き技法を開発して「和紙」を作るようになったのか。奈良時代（八世紀）の正倉院文書《もんじょ》の用紙の分析などを通じて見えてきたのは、日本人がある時期から、極めて高度で手間暇のかかる独自の技法で紙作りを始めた事実である。「和紙」が誕生したのである（第二章）。

◉ついに日本社会に登場した和紙は、奈良時代、盛大に花開いた。仏教を軸に据えた国家経営を目指す聖武天皇が東大寺を中心とした大がかりな写経事業を展開し、膨大な数の経典用紙が生産されたのである。当時は、宮廷の権力闘争が激しさを増し、疫病・地震・飢饉も相次ぐなど、国家大変の時代だった。そこに立ち上がったのが和紙で、仏教の力で国に安寧をもたらし、国威発揚にも寄与したのである（第三章）。

◉平安中期に誕生した『源氏物語』。その成立の陰にあった和紙の貢献は、あまり語られたことがない。当時の女流文学者たちが平仮名を書く上で、和紙と紙巻筆（穂先が毛と和紙でできた筆）は最高の書写材だった。また、紫式部は若かりし頃、父の越前国国司《こくし》（地方官）赴任に従い和紙の里・越前で暮らしたが、その時の見聞がのちの源氏物語執筆に役立ったと思われるのである。光源氏と友人の頭中将《とうのちゅうじょう》が恋文について話す場面では、使われた紙の色や風合い、染み込ませた匂いなどが物語のポイントになっていた（第四章）。

◉時は平安末期、平清盛は瀬戸内の厳島《いつくしま》神社に絢爛豪華な装飾料紙《りょうし》（色や模様をつけた和紙）で作った経典（平家納経《のうきょう》）を納め、一族の栄華と西方浄土への往生を願った。装飾料紙は、金銀の箔、雲母摺《きらず》り（雲母《うんも》の微粉を用いた装飾）、漉き模様など、様々な意匠を凝らした紙の芸術で、平家納経はその極致だった。現在、平家納経はユネスコの世界文化遺産（厳島神社）に指定され、平家の名を世界に広めた。和紙は、世界最高峰の芸術といえる地にまで到達したのである（**第五章**）。

◉鎌倉中期、中国から禅とともに水墨画が日本にやってきた。室町期の水墨画の大家・雪舟は水墨画の余白を重んじ、そこに心を遊ばせた。世界的経営学者ドラッカーも、日本の水墨画の余白に惹かれた一人だった。雪舟はもっぱら中国製の紙を使ったが、和紙における画の余白も魅力的である。日本人にとって余白とは何なのだろうか（**第六章**）。

◉桃山時代・江戸初期の本阿弥《ほんあみ》光悦《こうえつ》に始まる絵画の一流派で、きらびやかな大和絵《やまとえ》が特長の琳派《りんぱ》の屛風が、今に多く残っている。屛風はもとは中国・漢の時代の風除け（衝立）で日本には七世紀に輸入されたが、その後、独自の発展を遂げた。最大の画期は、鎌倉末期に和紙の蝶番《ちょうつがい》が誕生したことにより、屛風が折りたたみ自在、かつ画面を傷つけず、各面同士の隙間も作らないという精巧な芸術品に変貌したことである。琳派屛風の陰の立役者は、和紙だったのである（**第七章**）。

◉江戸時代は、和紙全盛の時代で、徳川の天下泰平を支えたのは和紙と言っても過言ではない。紙の生産量は江戸時代を通じて右肩上がりで、生活のあらゆるものに和紙が使われた。その和紙生産を担っていたのが、主に西国の各藩である。周防岩国藩は貧しい藩財政を支えるために専売制による半紙生産に注力し、藩士自らに大坂の商人との売買交渉をさせる一方、紙生産者である藩の農民たちには様々な配慮を見せた（第八章）。

◉もう一つ、江戸時代の和紙で特筆すべきことは、浮世絵への貢献である。和紙は浮世絵の木版多色摺りに耐えうる強靭性を備え、ふんわりした素材感がそのまま作品の芸術性を高めた。浮世絵用の和紙には越前奉書《ほうしょ》などの高級品もあったが、一般的には楮紙《こうぞがみ》などを使った安価なものが多く、浮世絵最大のパトロンは庶民たちだった。高い芸術性を持つ絵画が大衆社会から生まれたのは、和紙を持つ日本だけである（第九章）。

◉明治を迎え、日本各地の和紙産地に激震が走った。洋紙の登場である。パルプを原料とする機械抄《す》きの洋紙は、大量生産・印刷に適しており、品揃え豊富、かつ安価で、文明開化に伴う膨大な紙需要の多くを奪い、ついには「和紙風の洋紙」なるものまで登場した。この和紙未曽有の危機に、和紙の里・越前はどう立ち向かったか。彼らの知恵と懸命の努力は、少しずつ実を結び、和紙の伝統を今に伝えていくことになる（第十章）。

◉そして現代、和紙は世界に羽ばたいた。二十世紀末のベネチア・ビエンナーレで、日本画家・千住博《せんじゅひろし》が越前の手漉き和紙「雲肌麻紙《くもはだまし》」を使って大地の根源から流れ出す滝を描き、世界的栄誉を手にしたのである。大自然や天地の始まりなどをテーマとする千住作品は、羽田空港の国際線ターミナルなどの公共空間でも展示され、草木から生まれた和紙に備わる自然の力で現代人の心をやさしく包み込んでいくのである（第十一章）。

日本のあらゆる伝統文化の中で、和紙ほど、常に日本人のそばにあり続けてきたものはないだろう。日本の歴史、日本人の心は、和紙なしでは語り得ないのである。

さあ、和紙とともに、古代から現代までの日本の歴史と文化の歩みをたどってみることにしよう。「和紙視点」の興味深い歴史物語は、今を生きる日本人にとって新しい目となり力となってくれるはずである。

日本史を支えてきた和紙の話

目次

第二章　正倉院文書に見る古代の和紙作り

第二章　和紙の力で鎮護国家を築いた聖武天皇

第四章 和紙と紙巻筆が生んだ源氏物語

第六章　雪舟の水墨画と日本人の心

第七章　和紙の蝶番が拓いた屏風芸術

第八章　和紙が支えた徳川の天下泰平

第九章 浮世絵は和紙の本懐

第十章 和紙の里・越前の文明開化

第十一章 現代人の心を包む和紙
～日本画家・千住博の雲肌麻紙～

※文中で紹介した研究者等の敬称は略させていただきました。

第一章

日本人と「紙」との出会い

1　中国から来た紙と、日本の紙の起源

卑弥呼は紙に接した最初の日本人

書写材として有用な紙は、二世紀に中国で発明されて以来、世界最高のコミュニケーションツールとなった。デジタル機器が普及する昨今まで、一国の紙の使用量は文明の発達度を計るバロメーターだった。ゆえに、日本がいつ頃、どのようにして紙を使うようになったかは、国の名誉にも関わる一大事である。

三世紀中国（魏・呉・蜀）の正史『三国志』の中にある「魏志倭人伝」には、魏（二二〇～二六五）が邪馬台国に詔書《しょうしょ》を渡し、邪馬台国から上表《じょうひょう》（返書）を受け取ったと記されている。前述の通り、中国はすでに文字が書ける紙を作っていたから、三世紀の詔書は紙に書かれていたはずである。つまり邪馬台国の女王・卑弥呼は、公式記録として残っている、紙に接した最初の日本人と考えられるのである。

詔書を受け取った日本側としては、一つ大変な難題が持ち上がったはずである。三世紀の邪馬台国が果たして返書を書くような紙を持っていたのか、である。とはいえ、返事を

出さないなどは到底許されない。

日本史において「魏志倭人伝」は、もっぱら邪馬台国の所在地をめぐる論争の材料として登場するが、紙の立場から見ると、それは日本人が紙と接したことを示す最古の公式文書である。

しかし、残念なことに、日本で何世紀から自前で紙を作り出していたかを示す正式な史料はないのである。

紙の本家である中国の正史『後漢書』は、「紙は蔡倫《さいりん》が発明し二世紀初めの元興元年（一〇五年）に皇帝に献上した。人々はこれを蔡侯紙《さいこうし》と呼んだ」と誇らしげに蔡倫の大業績を記している。

近年、中国は遺跡の発掘調査が進み、蔡侯紙の元になったと考えられる紀元前の紙が続々と発見されている。甘粛《かんしゅく》省天水市で発見された紙は紀元前二世紀のもので、地名にちなみ放馬灘紙《ほうばたんし》と呼ばれている。紙には地図らしきものが描かれているが、その紙は平滑さに欠け、細かい文字を記すことは難しい。紙とはいっても、今の書写材とは程遠いもので、包装資材の一つと考えられている。

蔡侯紙は放馬灘紙のようなものをベースに開発されたと思われるが、植物繊維を漉いて作った書写材として最初に実用化された画期的なものだった。

中国は何かにつけて四大発明をした国であると自慢する。四大発明のうち羅針盤、火薬、印刷術については、どのような根拠があるのか私は知らない。しかし、植物繊維を漉いて作った紙の発明は間違いなく中国である。紙発明の意義の大きさは他の三つに優るとも劣らないのであり、発明が紙一つだけでも、中国はそれを世界中に誇っていい国である。

それに比べると、国家体制の整っていない当時の日本に正史を書く余裕などまったくなかった。そもそも紙を使うような文化があったとは考えられず、国という保護者もいなかった時代の日本での紙の身元調べは甚だ悲観的である。何分にも薄くて軽いのでどこかに紛れやすく、水にも火にも弱いのが紙である。史料となるような紙の保存など期待できない時代が長かった。

江戸時代になり市民社会が発達するにつれて、紙は庶民の日常生活でも多く使われるようになったが、それでも保存より何かと使い回されることが多かった。トイレットペーパー研究家の関野勉《つとむ》によると、江戸時代の市中で道端に落ちている紙などはなく、使用済みの紙は回収して漉き直され、再び使用された。紙の最後は、火に焼かれるならまだしも、尻拭い用（それはそれで世の中にとって極めて大事な役だが）に使われ、田畑の肥やしとなってしまいとなることが多かった。

魏からの詔書に邪馬台国は紙で返書を出したか

魏は中国北部にあった国である。三世紀の魏では皇帝の詔《みことのり》は紙に書かれ、重要度に応じて紙の色を変えていた。

「魏志倭人伝」が伝える詔書は第三代皇帝（斉王《さいおう》）のもので、色まではわかっていないが、相応の立派な紙が使われていたことは間違いない。現代風に考えれば、大事なのは詔の文面であり用紙ではないのだが、紙自体にもランクをつけるところがデジタルコミュニケーションにはない面白さである。

受け取った邪馬台国にとって、朝貢すべき相手からの詔書は文面とともに用紙も重要であり、用紙の使い方が国の命運を左右するくらいのことは理解したに違いない。立派な紙に書かれた詔書を受けたからには、返書もそれなりの紙に書かなければならない。仮に倭人が竹簡や木簡を見聞きしていたとしても、詔の返書にそれらを使うような失礼が許されるとは考えなかったに違いない。

そもそも何用として使い分けるべき紙も持っていないのに、上表用として特別な紙が必要となった三世紀の邪馬台国は一体どうしたのだろうか。

福岡県の糸島市には伊都国《いとこく》（連合国家である邪馬台国に属する国の一つ）の古代遺跡があ

2016年に福岡県糸島市の三雲《みくも》・井原《いわら》遺跡番上《ばんじょう》地区で見つかった古い硯の破片。弥生時代後期にあたる1〜2世紀のものと見られる。石硯は書写材の一つであり、その場所には他の書写材である筆・墨・紙などもあったと推定される。
（伊都国歴史博物館蔵）

る。二〇一六年に、その糸島の古代遺跡から古い硯《すずり》の破片が見つかった。一見、見栄えのしない石にしか見えないせいか、全国的な大ニュースとしては扱われなかった。しかし、硯の存在は、日本にもすでに文字文化があり、紙が持ち込まれていたかもしれない貴重な発見だった。

硯の破片は二つで、弥生時代後期にあたる一〜二世紀のものと考えられた。石硯の存在は伊都国で筆写が行われていたことを意味し、その場所には他の書写材料である筆・墨・紙などもあったと推測される。斉王への上表文を書くために、出土したような硯を使って墨をすり、筆に墨を含ませたとして、では筆を下すべき紙はどうしたのか。

当時の伊都国は邪馬台国の中で外交を担当していた。「魏志倭人伝」にも「伊都国は郡使《ぐんり》の往来常に駐《とど》まるところなり」とある。実際に糸島市の遺跡からは朝鮮半島・楽浪郡（紀元前二世紀末〜四世紀初め。現在の平壌あたり）で作られた土器も数多く発掘され、楽浪郡から来た役人たちの集団居住があったことを示している。

果たせるかな、出土した硯は石質検査で朝鮮半島産の石とされた。魏の時代の朝鮮半島の楽浪郡は中国大陸の大国である魏の影響が大きく、大陸の進んだ文明が伝わっていた。とすると楽浪郡には、早い時期に魏から紙作り技術なども伝えられていたかもしれない。したがって、伊都国に楽浪郡経由で紙を使う文化が伝わっていても不思議ではない。

伊都国が詔の返書に紙を使ったとすれば、考えられるパターンは次の三つである。①日本に紙がないことを知っていた魏の斉王は返書用の紙を使者に持たせていた。②駐在していた楽浪郡の郡使から紙をもらった。③（これは番外としたいが）絹布ならば倭国にもあり、紙の代わりに高価な絹布を使った。③の場合、高価とはいえ、紙文書に対する返事にとして外交儀礼上、許されたかどうか……。

日本はいつから紙を使い始めたか

文字が書ける紙は間違いなく文明の尺度を示すものであり、詔書の色まで決めていた中国に比べると、紙を持っていない日本はかなりの後進国だった。

しかし、日本国土は幸い、緑あふれる自然に恵まれていた。紙の必要に迫られていた日本人が自前で紙漉きの実現に漕ぎつけたのは、過去に言い伝えられていた『日本書紀』七世紀の曇徴《どんちょう》の記述（六一〇年に来日した高麗の僧。紙墨の製法などを日本に伝えたという）などよりも大分早く、「魏志倭人伝」の伝えた三世紀の記述からさほど遠くない時期だったのではないだろうか。

五世紀の日本に、ようやく紙を使う国家が誕生していたと考えてもよい史料がある。『日本書紀』の巻十二「履中《りちゅう》天皇」の項には、遅くとも五世紀初頭の日本社会で紙を使っていたかもしれないことを示す語句が見られるのである。

履中天皇は古墳時代に近畿地方で誕生したヤマト王権の王だった。記述によると、履中天皇四年（四〇三）八月十八日に、「初めて諸国に国史（書記官）を置き、言事《ことわざ》（話題と出来事）を記述させ、四方の人心を把握した」とある。これは明らかに各地で何らかの書写材が使われていたことを前提とした記述である。和紙研究のパイオニアの一人である久米康生は、この『日本書紀』の記述から、地方の言事を中央に伝えるには紙を使ったと類推した。

ついこの間まで満足な書写材もなく、情報伝達をもっぱら「話す、聞く」という身体機能に頼っていた社会にとって、文字を使い紙に記録を残す方法は革命的だったはずである。

当時のヤマト王権の国力から考えると、大陸からの紙の大量輸入などは考えられない。とすると、日本はすでに自前で紙を作っていたのか、それとも木片にでも書いて中央に報告していたのだろうか。

文字を発明した古代中国の殷《いん》（紀元前十六、十七世紀頃〜同十一世紀頃）では、亀の甲や獣の骨などに文字を記した（甲骨文字）。紙が発明される頃の中国では実用的な書写材は簡牘《かんとく》（竹簡と木簡）だった。何事も中国に倣《なら》っていた日本であり、五世紀の日本に紙がなかったとすれば、言事の記録に簡牘を使ったとも考えられる。

現に、一九六三年に奈良時代の首都・平城京跡から発掘された木簡には、様々な文字が記されていて、日本中に木簡旋風をもたらした。「履中天皇紀」の「諸国の言事」も紙ではなく木簡に記されていたのであり、その証拠となる国吏の書いた木簡が発掘されていないだけなのだろうか。

中国での簡牘発掘と、日本の紙の起源

中国古代の簡牘の実物が発掘されて現代人の目に触れるようになったのは、意外に遅く二十世紀後半だった。

長い間地中に眠ったままだった簡牘は、いったん発掘が始まるとわずかな間に膨大な数が発見された。おかげで世界中の研究者によって次々に解読され、中国古代社会の解明は大いに進んだ。

中国古代史研究家の冨谷至によると、簡という字に竹冠がついているのは、竹簡が木簡より先にあったことを意味するという。そして、竹簡と木簡では用途が異なり、竹簡は純粋に文書用の書写材料だった。一本の竹簡は幅一～三センチ、長さ三十センチほどあり、多数の竹簡を紐で横につないだものを冊書と呼んだ。

秦の始皇帝（前二五九～前二一〇）が命じたという焚書坑儒《ふんしょこうじゅ》や、司馬遷（前一四五頃～前八六頃）が書いた五十二万字に及ぶ『史記』は、蔡倫が紙を発明する前のことである。焚書というと、紙の本がめらめらと燃えるさまを思い浮かべるが、実際は山のように積み重なった冊書（竹簡）が炎とともに弾け飛び、ぱちぱちと派手な音を響かせたに違いない。

竹簡は文書用としてのみ使われるものだったから、二世紀に蔡倫の紙が使われるようになると紙に取って代わられた。一方の木簡は、縁に用途別に刻みを付けたりして一本ずつ単独で使うもので、記録整理や荷札などに使う書写材だった。したがって、紙ができてからも木簡はその機能性を生かして使われ、木簡と紙を併用する時代が続いた。

冨谷は、奈良時代の平城京跡に発掘された木簡は、紙と併用されていたと考える。一方で竹簡が発掘されないのは、その時代の日本にはすでに紙が存在していて竹簡を使う必要がなかったからだとする。中国の簡牘の研究を基にした冨谷の考えを、「履中天皇紀」の言事の記録問題に当てはめるとどうだろうか。

国史の言葉は、中国に倣えば竹簡に書くべきものだった。履中天皇の頃、各地の国史が紙を持っていなかったとしたら言葉は竹簡に記されて、日本のどこかで出土したかもしれない。しかし、すでに書写用の紙があり、竹簡は使われなくなっていた。よって、国史は竹簡でなく紙を使った……。近年の中国での簡牘発掘の成果は、大胆にも思える久米の推論が正しかったことを立証してくれたようである。

中国では書写用の紙ができる二千年近くも前に文字が発明され、書き留めるものはいろいろと変化の歴史をたどった。しかし、文字文化の発達が遅かった日本では、書写材が変化する歴史もないまま、文字と紙が一挙に出現した。その後、木簡は荷札などとして使われたが、竹簡は日本では出番のないまま紙の時代になった。

現代の中国では古代日本と似たようなことが起こった。電話線を張り巡らせる間もなく携帯電話が使われるようになったのである。電話線は竹簡で携帯電話は紙だった。

ヤマト王権といっても当時はまだ支配地域も狭く、「履中天皇紀」も近畿地方の限られたエリアでの出来事だった。国史たちの使う紙の量もさほどではなかったはずである。それにしても、履中天皇の国史たちが使った紙を作ったのは、一体誰だったのだろうか。

2　古代日本で紙を作ったのは誰か

手工芸の先進技術者だった渡来人

古墳の発掘調査などによると、古代の日本には中国大陸や朝鮮半島からやってきた大勢の渡来人がいた。それを裏付けるように、古墳時代（三世紀後半から七世紀頃）の渡来人に由来すると思われる地名や事績が各地に多く発見されている。

渡来人に関しては、『日本書紀』にも簡単ながらいくつか記録されている。そこでの渡来人は手工芸（もの作り）の先進技術者と位置づけられ、「才伎《てひと》」と呼ばれた。一方、同じ渡来人でも文書作りに長けた者を「史《ふひと》」と呼んだという記録もある。日本で紙作りを始めたのはこうした渡来人たちだったと考えられるのである。

仏教の布教を劇的に推し進めた紙

仏教は紀元前五世紀頃にインドで生まれた。古代から文明が栄えたインドではサンスクリット（梵語）という言葉はあったが、中国のような書写用の紙は生まれなかった。釈迦の弟子たちはヤシの葉を使い、そこにサンスクリットで仏陀の教えを書き記した。ヤシの葉は貝葉紙《ばいようし》と呼ばれた。

紀元一世紀頃になると、貝葉紙に書かれた経典はシルクロードを東に向かうラクダの背に積まれ中国に伝えられた。中国大陸は昔から西域との交流が盛んだった。中国にとって、シルクロードは東方へ絹を輸出する道というだけでなく、西から大量の文化文明を運び入れる道でもあった。中国文明は東西が融合する巨大な坩堝《るつぼ》から生まれ育ったのである。

古代インド人は大量の仏典の保存に貝葉紙を使った。貝葉紙への筆写には金属のペン先のようなものを使うことで、意外に多くの文字を書くことができた。しかし、せっかく中国に渡った経典も、サンスクリットのままでは読める人も限られる。おまけに貝葉紙は乾燥したものを重ねると砕けやすく保存が難しいなど、中国の紙に劣る点が多かった。

二世紀に中国で筆写に適した紙が発明されると、貝葉紙の経典は漢字に翻訳され紙に筆写されるようになった。漢字の経典は誰でも読める上に貝葉紙と違って扱いやすい。紙は仏教の布教にとって多大な力を発揮した。

やがて仏教は朝鮮半島に伝えられた。同じ漢字文化圏に属していた朝鮮半島は、書写用の紙が出現したことで仏教の広まりも容易だったに違いない。高麗の歴史書によると、渡来人たちの故郷である朝鮮半島に中国から仏教が公伝（＝正式に伝来）したのは四世紀とされている。しかし、半島北部の楽浪郡が早くから中国文明の窓口となっていた歴史もあり、朝鮮半島には公伝より早く仏教が伝わっていたと推測される。

日本への仏教公伝は六世紀である。しかし、日本各地の古墳には仏式による渡来人の墓が多く発掘されている。古墳時代の渡来人たちは仏教を信仰していて、公伝より早く仏教を日本に持ち込んでいたと考えられるのである。彼らは身につけていた紙作り技術で経典用の紙を作ることができたはずである。それは日本で最初の紙作りだった可能性が高い。

渡来人たちの戸籍簿作りと紙

渡来人たちの作る紙は仏典用以外にも、日本の国の維持発展にとって欠かせない役割を果たしていた。

『日本書紀』には欽明《きんめい》天皇元年（五四〇）に、渡来人した秦人や漢人を対象とする戸籍を作成させたという記述がある。当時の法令には、渡来人の戸籍簿を作るにあたって、名簿用紙は「皆当戸（該当する渡来人自身）より出す」とある。そのような法令を出したのは、渡来人による紙作りが可能だったことを前提としていたのではないだろうか。

六世紀にできた渡来人の戸籍簿によると、朝鮮半島から渡来した秦人は七千五十三戸に上る大勢力であったことがわかる。この七千五十三戸の秦人たちが戸籍調べに合わせて六世紀に一斉に渡来してきたとは考えられない。秦人たちは六世紀以前からも少しずつ渡来していて、五世紀に履中天皇が行政に紙を使用した頃には、すでに相当数の仏教を信仰する（経典の読み書きや経典用の紙作りができる）渡来人が日本にいたと考えるのが自然である。

古墳時代は、近畿地方に誕生したヤマト王権が地方豪族の統合を繰り返して、統一国家を形成していく途上にあたる。履中天皇が紙を使って新しく支配下に置いた人心の動向把握に努めたことは興味深く、堅苦しい『日本書紀』の記述からも当時の躍動する歴史の息吹が伝わってくる。

しかし、紙を持ったおかげで古代日本の国造りが大いに進んだことは確かだとしても、紙作りのすべてを渡来人に頼ったままでは、それを日本の紙＝和紙と呼ぶにはいささか気が引ける。

日本の紙を和紙と呼ぶからには、中国大陸や朝鮮半島の紙とは何かが違っていなければならない。日本人はどのようにして日本固有の紙、「和紙」を作るようになったのであろうか。

第二章

正倉院文書に見る古代の和紙作り

1　日本最古の紙、正倉院文書

正倉院文書の身の上

江戸時代後期、東大寺の正倉院に保存されていた大量の文書（書類）が発見された。一万点超にも及ぶこの文書はのちに正倉院文書と呼ばれることになる。発見当時、国中が大騒ぎになったなどという記録はないが、それは日本の歴史をたどる上で極めて重要な出来事だった。いや、紙から見ると、重要どころか、和紙の作り方や誕生の時期まで教えてくれる、比類のない極め付きの貴重な証言者だった。

正倉院文書は東大寺の重要な所蔵品の一つとして、毎年秋に開かれる正倉院展で多くの宝物とともに必ず展示される。正倉院文書は紙の表だけでなく裏まで使ってあり、当時の役所や東大寺に関わる貴重な記録がぎっしりと書き記されている。

正倉院文書は、もともと奈良時代に役所で保管した戸籍簿や税帳などの各種の公文書で、それぞれ保存期間が定められていた（戸籍は三十年）。その頃の紙は相当な貴重品であり、保存年限が切れた後は捨てないで役所で使い回したり、東大寺などに払い下げた。受

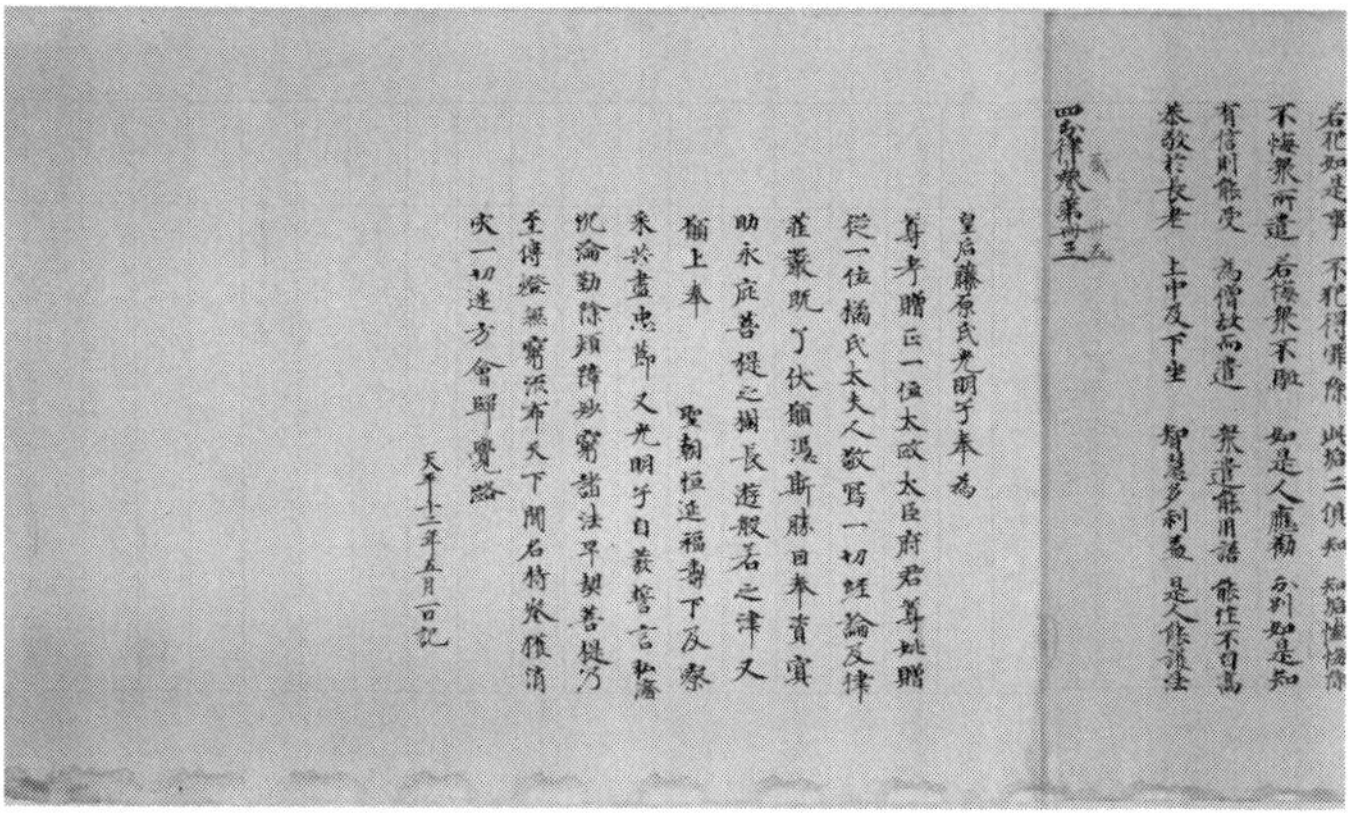

皇后藤原氏光明子奉為
尊考贈正一位太政太臣府君尊妣贈
従一位橘氏太夫人敬寫一切經論及律
莊嚴既了伏願憑斯勝因奉資冥
助永庇菩提之樹長遊般若之津又
願上奉　聖朝恒延福壽下及寮
采共盡忠節又光明子自發誓言弘濟
沈淪勤除煩障妙窮諸法早契菩提乃
至傳燈無窮流布天下聞名持卷獲福消
災一切迷方會歸覺路
天平十二年五月一日記

東大寺正倉院に伝わる8世紀の古文書、正倉院文書。総数1万点超。中央官庁から払い下げられた公文書（戸籍簿・正税などの帳簿等）の裏の白紙部分を利用し、寺の重要事項などを記録した。記載された日付から紙の製造年代が推定できる。上の写真は末尾に「天平十二年五月一日記」とある。　（国立歴史民俗博物館蔵）

け取った東大寺では文字の書かれていない裏面を利用し、そこに寺に関わることを記録したものが正倉院文書として今日まで残された……これが正倉院文書の料紙（用紙）の身の上である。

昔も今も紙には生産年月日など記されていない。しかし、書写された文字に日付があると、少なくともその日付以前に作られた紙だとわかる。正倉院文書の中で一番古い日付（最古の戸籍）は、八世紀初めの大宝二年（七〇二）だった。当時の戸籍の保存期間（三十年）からすると、この紙は七世紀に日本のどこかで漉かれたはずである。何分にも四散してしまうのが常だった紙の中で日本最古と証明できる紙だった。

生まれも育ちも日本の紙

その頃の国の機構は年々大きくなり、行政に使う紙は膨大で輸入は不可能な量だった。紙の生産は渡来人などの手ではとても賄いきれず、国を挙げて行われたと考えられる。その払い下げである正倉院料紙とあれば、間違いなく生まれも育ちも日本の紙（和紙）といってよいのではないだろうか。

もともと日本の紙作りは渡来人が始めたものであり、それを日本の紙＝和紙と呼ぶにはいささか気が引ける話だった。日本でも次第に紙漉きが行われるようになって、果たして胸を張って和紙と呼べるものを作っていたのだろうか。できたとすれば、それはどのようにして作り、品質はどうだったのかは、当然浮かぶ疑問である。

三世紀に邪馬台国の女王・卑弥呼が初めて公式に紙に接し、五世紀にはヤマト王権が渡来人の力を借りて行政レベルを高めた（諸国の話題や出来事を紙に記述させた）と思われる『日本書紀』の「履中天皇紀」の記述もある。

そして遅くとも七世紀、いよいよ日本人は自前で紙を作ったようである。正倉院文書の料紙が七世紀の和紙の実物であるとわかったことには大きな意味があった。

2　正倉院文書に見る古代の紙漉き技法

紙漉き技術が早期に日本に伝わった幸い

日本の紙作り技術は長い間、解明されることはなかった。近年になって、昭和女子大学教授（当時）の増田勝彦を中心にした研究チームは、多様な方法で正倉院文書の料紙の分析と再現実験などを行い、古代の紙漉き方法や紙の質を解明した。詳細は二〇一〇年の『正倉院紀要』で明らかにされたが、改めて正倉院文書の実物が残されていた意義の大きさを知るのである。

古代中国では紙漉き技術の拡散を厳しく制限していた。西のイスラム世界に伝わったのは東の日本などより大分遅く八世紀半ばである。唐がイスラム勢力との戦いに敗れ、その際に唐の紙漉き職人が捕らわれたことが原因とされている。紙漉き技術がイスラム世界を経て西ヨーロッパにまで到達したのは、それからさらに四百年も経った十二世紀である。

それに比べると朝鮮半島や日本には、中国大陸で紙が発明されてからあまり間を置かずに紙漉き技術が伝えられた。同じ東アジア文化圏だったからか、あるいは歴代の中国大陸の為政者が東アジア一帯を文化的に教化すべき相手と考えていたからだろうか。

追々ご紹介するが、日本で生まれた和紙は単なる筆写材ではなかった。日本人は社会の変化に応じて和紙に次々と違った仕事を要求した。和紙の方もそれに応えて、国造りでも芸術でも経済発展でも、何でも与えられた役割を果たした。和紙の驚くほど多彩な能力は社会を支える多くの重要な役割を果たしたのである。もし西域やヨーロッパのように紙に接するのが遅れていたら、日本の歴史や文明はまったく違ったものになっていたに違いない。

和紙が歴史の支え役だった日本において、早くから独自の紙漉き技法を確立したのはまことに喜ぶべきことだった。

古墳時代の日本に伝えられた三つの紙漉き技法

先述の増田は中国や朝鮮半島に残された文献なども参考にしながら、古墳時代の日本に伝えられたであろう紙作り法を、以下のように整理した。

A　麻の繊維を細断し、よく叩解《こうかい》し、水に入れて紙液を作り、左右の他に上端にも桁枠の付いた簀《す》の上に紙液を汲み上げ、紙を漉いた。

Ｂ　麻の他に楮等の樹皮繊維も材料にする。原料繊維を細断して、よく叩解し水に入れて紙液を作る。紙液にはトロロアオイ（中国原産でアオイ科植物の日本名）等の粘液を混ぜて紙に漉く。簀の上には桁が付いていた。

Ｃ　原料繊維の叩解はあまり入念に行わずに紙液を作る。その代わり紙液にはトロロアオイ等の粘液を多めに入れる。簀の上に桁は無く、汲み上げた紙液をあまり揺らさずに漉く。

材料面では、Ａ方式は麻のみだが、Ｂ・Ｃ方式では楮（クワ科の落葉低木）などの樹皮も使った。紙液にはトロロアオイなどの粘液も入れた。

技術面では、Ａ・Ｂ方式は手間暇がかかる旧式な技術であり、Ｃ方式は漉き具を揺する動作の少ない年代的にも新しい技術だった。

道具面では、Ｃ方式は簀に上桁がないので紙液がすぐに流れ落ちて紙になる。その結果、できる紙の厚さは薄く、後世に「かけ流し漉き」と名付けられた技法である。

こうした渡来人たちが持ってきた紙漉き技法を、日本人たちは懸命に見習ったに違いない。

しかし、その後の紙漉きの歴史をたどると、興味深いことに、最新の技法を採り入れるのが合理的だったはずの日本は、なぜか簀の上端部にあった桁を取り外さないままの古い紙漉き手法に固執した。つまり、日本人は最新式の「かけ流し漉き」技法を採らなかったのである。

日本が固執した紙漉き手法はいつも簀の上に桁があった。一方、中国と朝鮮半島では簀の上端部には桁のない「かけ流し漉き」手法が用いられた。簀の上端の桁の有無はどのようにしてわかったのか。

正倉院文書の料紙を綿密に調査すると、何点か紙に端が厚くなっているものがあった。厚い部分は簀の上に掬った紙液が揺すられた時に、漉き具の上桁に紙液がぶつかって跳ね返る際にできたと考えられた。

実際の紙漉きで試した結果、紙端の厚い部分は上桁の付いた漉き具の簀を縦横に、かつ、かなり強く頻繁に揺り動かす場合に起きる現象だった。増田が「揺り漉き」と名付けた紙漉き法である。

「揺り漉き」でできた紙に光を当て透かして見ると、紙の裏表ともに繊維がばらつかず、滑らかで均一な紙面になっていた。周囲に枠が付いていることと、漉き具を強く揺り動かすことによって、掬い上げた紙液中の繊維の並びがコントロールされ、紙の地合い（紙面の均一さ、滑らかさ、筆の滑り具合など）が良くなったのである。

また、「揺り漉き」技法では漉き具を前後左右に動かすが、前後に動かすことのほうが多いために、紙液の繊維は主に縦方向になる。紙といえども一方に揃った繊維は強く、横にちぎるのは大変である。それは縦には裂けるが横にちぎるには抵抗が大きい、いわゆる横紙破りのできない紙だった。

日本の「揺り漉き」技法の特異性

しかし、地合いが良くて破れにくい「揺り漉き」技法で紙を漉くには、準備も手間も必要な上に、求められる技術の高さは並大抵でなかった。

調査対象だった正倉院文書の料紙の原料は楮だけだったが、日本で紙漉きに使った原料繊維は様々である。原料繊維は手作業で短く切り、木槌でよく叩いて解《ほぐ》して（＝叩解）おかなければならない。亜麻などの場合は特に長い時間を要した。

繊維の叩解に手間暇をかけた後、それを水に混ぜ合わせ、丁寧に攪拌《かくはん》を繰り返し、初めて良い紙液になる。根気が必要な攪拌作業も紙質の良否を分ける大事な仕事だった。

「揺り漉き」は紙漉き動作にも特徴がある。紙漉きの時に紙液を掬う回数は和紙では一枚につき五～十回ほどであり、一方の漉き具に上枠のない中国や韓国の場合は五回以下である。一枚の紙漉き所要時間は和紙が三十秒～三分、中国・韓国は三～十秒で、両者を比べると和紙ははるかに時間がかかる。

和紙の手漉き工房を訪れたことのある人なら誰でも経験されるように、紙液を一枚の紙にしていく作業場は、極度に張り詰めた空気に包まれている。

漉き手は、一枚を漉くたびに室内の温度や湿度、紙液の濃度の変化を瞬時に見定める。そして、紙漉きの簀に載せる紙液の量や、前後左右に揺り動かすやり方と回数を決め、紙になった時の繊維の並びを良好な状態にする。「揺り漉き」の技術には絶妙で素早い手さばきが必要だった。

中国・朝鮮半島での紙作りは、長い歴史を通して「かけ流し漉き」技法が主流だった。ヨーロッパ社会でも、のちにパルプを原料とする洋紙産業が発達するまでの紙は手漉きだったが、日本のような「揺り漉き」技法は生まれなかった。世界中で日本人だけが、手間がかかり、高度な技術がなければできない特別な手漉き方法で日本独自の紙（和紙）を漉いてきたのである。

3　「堅く厚き紙」が作った国、日本

堅牢な紙こそ国家の土台

古代の日本が、いくつかの紙漉き法の中からあえて困難な方法を選択した理由と考えられる史料がある。

国家にとって戸籍簿作りは国造りの土台を築くことであり、戸籍簿が簡単に破れたり虫食いで穴が空いたりしてはならなかった。中国に倣って作られた古代日本の法令には、わざわざ紙の質に言及した部分がある。民を司る民部省の項に、「凡《およ》そ籍書（戸籍）は国家の重案にして、そのもちいるところの紙は、必ず堅く厚き堅牢なものをもちいよ」とある。

C方式の「かけ流し漉き」技法による薄い紙では、「必ず堅く厚き」ものにはならず、国家の求めには応えられない。一方、B方式を土台にした「揺り漉き」技法は、高い技術が必要であり時間も苦労もかかるが、堅牢な質の紙を作り、戸籍簿作りという国家の大事な要請に応えるものだった。国造りを始めたヤマト王権にとって、紙漉き技法は国家の行く末を左右するほどのものだったのである。

初めて公式に紙に接したと思われる三世紀の卑弥呼から間もなく、古墳時代の日本列島では国造りが始まり、それに合わせたように渡来人たちの手によって中国大陸から文字と紙が伝えられた。堅く厚い紙を求めた文言からは、中国大陸や朝鮮半島の先進国からの文物を取り入れて早くしっかりした国を造らねばという為政者たちの強い思いが伝わってくる。

すべて手作業にこだわった日本

和紙作りの歴史を見ていくと、日本人はさらに独自の姿勢で紙作りに励んだことがわかる。

『日本書紀』には七世紀に高麗王が曇徴を日本に派遣してきた、とある。これをもって長い間、曇徴が日本に紙作りを教えたといわれてきたが、それは間違いで、彼は儒教や絵画を教えに派遣された学問僧だった。ただ、同じ文中に「曇徴が碾磑《てんがい》（水車を使って回す臼）をもたらした」とある点には注目したい。

古代中国は製紙原料として最初は麻などを使った。しかし、麻の繊維は長くて硬く、繊維を叩解する（細かく解す）作業に碾磑を使った。碾磑のない日本は繊維の叩解に苦労しているはずと考えた高麗王が、曇徴に指示して日本への配慮を誇示した。実は、高麗より前に百済が日本に紙をもたらしていたが、高麗と百済の仲は悪かった。『日本書紀』の文言からは、二国間の関係まで見えて興味深い。

しかし、その後の日本の紙作りは、労をいとわずにすべて手作業で行われた。時代とともに紙の需要が増え全国各地で紙作りが行われることになっても、曇徴がもたらした碾磑のような装置が紙漉きで使われた形跡は見当たらない。土地が狭くて碾磑などを使うことができなかったのか、あるいは牛馬をそのような作業に使う習慣がなかったのか理由はわからないが、日本の紙漉きたちは便利な碾磑などは使わず人の手だけで紙漉きに励んだ。「揺り漉き」技法で作る和紙は、先述したように、縦には裂けるが横にちぎるには抵抗が大きい、横紙破りのできない紙だった。渡来人由来の紙は「揺り漉き」技法で揺り動かされていく中で日本にふさわしい紙、和紙になっていったのである。

二十世紀に入るまでの長い歴史を通して、紙作りは日本の一大基幹産業だった。律儀に労苦をいとわず「堅く厚き紙」を作る姿勢は、その後の日本のもの作りの基本として近代の産業国家建設の柱となったのである。

和紙は「日本的なもの」を伝える遺伝子

中国が発明した手漉き紙はやがてイスラム圏を超えヨーロッパにも伝えられた。木材繊維のパルプ原料で近代的な大量生産が行われるようになるまで、紙の手漉きは世界のどこにでもある仕事だった。そんな中で「揺り漉き」のような紙の漉き方は東西を通して日本だけであり、和紙作りはあたかもガラパゴス島の産物のようでもあった。

ガラパゴスという言葉には、離れているだけでなく、遅れているというイメージがある。確かに、和紙はガラパゴスのように世界中の紙とはかけ離れたものといってよいかもしれない。しかし、和紙は遅れているのではない。薄いはずの紙の内に、他国の紙とは比較しようがないほどの多様な機能、利便性が隠されていた。

紙が戸籍簿用の書写材として「堅く厚き」ものであることを目標に作られたのは、和紙としての第一歩に過ぎなかった。その後の日本では、和紙を書写材の他、絵画、工芸、建築資材、日用品など、ありとあらゆる用途に使った。紙の堅さや厚さなどは目的に応じていろいろに変化させて使ったが、多くの場合、「堅く厚き」和紙の特性は大変有利だった。

一方、紙の本家である中国では、原料となる楮や藤が時代とともに枯渇した。幸い、製紙に向いた種類の竹は豊富にあり、竹に藁《わら》を混ぜた紙や、青檀《せいたん》の樹皮を主原料とした宣紙《せんし》を作るようになる。しかし、「かけ流し漉き」などの紙漉き方法は変わらないままであり、紙の用途はあくまで書写用か絵画用だった。

それに対して和紙は、日本人の芸術活動や日常生活の中で広く使われ、日本社会を支え、日本人の心をやさしく包み込んでいくことになる。

日本人固有の感性が息づく、いわゆる「日本的なもの」には、和紙を使う中で育まれてきたものが多い。和紙は日本的なものを伝える遺伝子の一つとして日本人の心に受け継がれていくのである。

黒子として生きてきた和紙

歴史を経るにしたがって、和紙の役割は極めて広範囲なものとなっていくが、多くの場合、紙が派手に表舞台に出るようなことはなかった。和紙たちはもっぱら、姿は白いながら黒子として活躍することを旨とした。

黒子という言葉は日本の古い時代の芸能に始まり、現代の歌舞伎や文楽などには欠かせない。役者の台詞を助けるような存在は世界中の舞台にあるが、舞台のために役立つことなら何でもやってしまうような存在（黒子）がいるのは日本だけである。そして、何ということか、日本人の考えでは「黒子は見えていても見えないもの」として扱われるのが作法だった。

今まで和紙についてあまり多く語られなかったのは、働きの多くが黒子としての仕事だったからではないだろうか。日本の長い歴史の中で白い黒子たちの働きは無数にあり、そのどれもがとてつもなく興味深いのである。

第三章

和紙の力で鎮護国家を築いた聖武天皇

1　聖武天皇の「和紙の長城」への想い

是が非でも残したい天平の宝物

日本国土に未曽有の災害が発生すると予測された時、決して失わせてはならない貴重な文化財をどのような方法で守れるだろうか。すべては無理としても、ぜひとも後世に残しておくべき文化財とは、どういったものだろうか。

この難題を思いつき、答えを考えたのは作家の小松左京だった。小松の小説『日本沈没』では、国土喪失が避けられないことを事前に知った政府関係者たちは密かに驚くような策をめぐらす。それは混乱を避けるため世界にも自国民にさえ真相を明かさないまま、これまで門外不出だった日本芸術の秘宝を展覧会と称して海外に運び出すことだった。世界各国の人々の力を借りて人類の宝である日本文化の数々を沈没の運命から救うのである。

小松は思いもよらないアイデアを披露したが、小説では出展すべき作品名が明かされてはいない。しかし、全人類の宝物とも言うべき奈良にある天平の御仏たちや、東大寺正倉院にある御物の数々がそこに含まれるのは間違いない。「あおによし」の奈良は、日本の長い歴史の中でも飛び切りの一時代を画した都だった。

東大寺大仏の開眼会と大紙巻筆

天平勝宝四年四月（七五二）に行われた奈良東大寺の本尊・盧遮那仏《るしゃなぶつ》の開眼会《かいげんえ》は、東の果ての日本が立派な国になったことを国内外に示す一大国際イベントだった。全国各地から一万人超の僧侶が集まったほか、アジア各地から高僧や芸人たちも集められた。現在の新暦に直すと五月下旬で、奈良盆地は一番良い季節だった。

聖武天皇は在位中、全国に寺を建て仏教による国家の安泰（鎮護国家）を目指した。全国各地に作った国分寺、国分尼寺の総本山として建立された東大寺の開眼会は、日本が仏教文化を身につけ一人前の国家として完成したことを国内外に宣言する日なのである。

聖武上皇（太上天皇《だいじょう》）以下、国中の高官・高僧が列席する中、輿《こし》に乗って入場した導師はインド僧の菩提僊那《ぼだいせんな》僧正である。開眼を唱えて読経などが終わると僧正は筆の穂先を毛と和紙で作った特製の大紙巻筆を手に取って大仏に目を点じ、無事に開眼がなされた。

東大寺の前庭では開眼会の祝いとして、目を見張るような国際色あふれるイベントが繰り広げられた。色美しい花びらが空から舞い降り、地上には五色の旗がはためいた。唐や高麗、カンボジアの歌舞が披露され、見たこともない雑技団のサーカスが参加者の目を奪う。次に日本が東大寺の大仏開眼のような国際的に関心を持たれ、国内外の人が参加する国家行事を祝うのは、明治二十二年（一八八九）の大日本帝国憲法公布の際で、実に千年以上も後のことだった。

毎年、秋の正倉院展には大勢の日本人が奈良に押し寄せる。それは日本が一人前の国家として初めて世界にお披露した時の姿を自らの目で確かめ、誇りを新たにしたい気持ちの表れかもしれない。和紙は、この歴史的行事のクライマックスである大仏開眼の瞬間に、極めて重要な役割を果たしていたのである。

あまり公開されたことはないが、正倉院宝物の中には、十八本の紙巻筆（筆先の中心に芯となる毛を立てて、その周りを紙で巻き、さらに数回にわたって毛と紙を交互に巻きつけて作

紙巻筆の第14世藤野雲平（1912～99）が、奈良時代の東大寺大仏開眼会に用いられた特大の紙巻筆（長さ約56センチ）の再現を試みた品。
（第15世藤野雲平蔵）

った筆。毛はうさぎなどの動物の毛を使用。穂先は一センチ以内がほとんど）が遺されている。うち十七本は長さが二十センチ前後（多くは直径一・九センチ超）なのに対し、一本だけ長さが約五十六センチ（直径約三センチ）の特大長の筆がある。この筆こそ大仏に目を点じる際に、菩提僊那僧正が手にしていた紙巻筆と考えられている。

聖武帝は仏教布教のために国家プロジェクトとして一大写経事業を展開した。和紙は紙巻筆や写経用紙として不可欠な役割を担った。プロジェクトを支えてきた和紙にとって、日本国の存在を国内外に宣言した大仏開眼会の感激はいかばかりだったか。やや身贔屓《みびいき》に言うと、日本は和紙を使うことで国家として誕生したのである。

聖武天皇が発案した「紙の長城」

聖武天皇は神亀元年（七二四）に二十四歳で即位し、年号はのちに天平（七二九〜）と改められた。以降、退位するまで天平年間は二十年余り続いたが、その間の天下は決して名前のような平穏な時代ではなかった。

朝鮮半島の白村江《はくすきのえ》で日本が新羅・唐の連合軍に負け、ほうほうの体で逃げ帰ってから半世紀余り経っていた。宮廷の中には白村江の悪夢に懲りず再び朝鮮半島への侵攻を唱える者さえ現れていたが、一歩誤ると大陸からの武力侵攻を直接に受ける恐れもあった。

当時の日本国内には他にも国の土台を揺さぶるような危機が次々に発生した。長屋王《ながやおう》の変（七二九年）や藤原広嗣《ひろつぐ》の乱（七四〇年）など宮廷権力をめぐる争いが激化し、国を揺るがした。その上、現代の新型コロナウイルスを上回る脅威だった天然痘が繰り返し流行した。光明皇后《こうみょう》（聖武天皇の妻）の肉親であり、国政を握っていた藤原四兄弟（武智麻呂《むちまろ》、房前《ふささき》、宇合《うまかい》、麻呂《まろ》）も全員が天然痘で死亡した。今でいう総理以下、主要閣僚がまとまって死亡したといってよい。

天平九年（七三七）の流行では、日本全国の農民の三割が天然痘で病死したと推計されている。当時の日本の全人口は五百万人ほどと考えられ、そのほとんどは農民だった。今の日本に直すと実に四千万人もの死者数であり、身が震える。当時は国中が死の恐怖で怯えていたに違いない。それと歩調を合わせるかのように各地で大地震や大旱魃が発生し、飢饉に襲われた。白村江の戦いの後、百済は内乱を口実に唐に滅ぼされたが、次は日本の番かもしれなかった。

日本は天下大変の時代だった。奈良で即位した聖武天皇は宮廷の権力争いと自然災害と疫病に翻弄され続けた。即位後、大勢の役人や護衛を伴って周辺諸国を転々とし、都に落ち着くことができない期間が五年ほど続いた。

聖武帝は山背《やましろ》（京都）、難波（大阪）、滋賀では都城《とじょう》まで造営したが、その都度、反対勢力が立ちはだかり落ち着くことができなかった。「予一人にその責あり」とした聖武帝にとって、諸国巡行は諸々の問題を解決すると同時に、日本の行く末に思いを巡らす貴重な年月であったかもしれない。

天平十七年（七四五）、長い巡行を終えようやく平城宮に戻った聖武天皇は、国の安泰と自らの地位確保を両立させる画期的ともいえる施策の実行を急いだ。それは仏教を国の中心に置く鎮護国家の確立だった。

当時の唐は仏教をはじめあらゆる面で文明先進国であり、遣唐使たちは仏教とともに医療・食生活・土木・建築など社会インフラの実務知識を持ち帰ってきた。聖武帝は仏教による社会全体の文明開化を図ったのである。開化という言葉は本来、「教え導く」という意味の仏教用語である。明治の世を文明開化というが、聖武帝の世こそ真の意味での文明開化と呼ぶにふさわしい時代だった。

何事も日本のモデルとなっていた中国大陸では、歴代の王朝が外敵の侵入を防ぐために国の外側に延々と石を積み重ねた「万里の長城」を建設していた。それに対し、聖武天皇は仏教を広めて国を一つにする鎮護国家を築こうとした。その具体的な手段として考えられたのが、仏教経典を広範な人々に写経させ、仏教を先頭に立てて国家経営を行うことだった。中国大陸の万里の長城に比して、たかが写経で何の役に立つのかと思われるかもしれない。しかし、島国日本の場合、物理的な煉瓦の壁より精神的な力を持つ仏教の方が国の守りに有益だったと考えられる。

仏教を広めれば国は治まり、一流の国家として唐にも認められる……聖武帝にしてみれば、写経こそ国を安定に導く最先端の城であり武器だった。古今東西の指導者に類を見ない決断であり、和紙としても城のごとく使われるなど身のほどをわきまえないといわれても仕方ないほどの大仕事だった。

「紙の長城」が砦になるためには、まず膨大な量の写経用の和紙が欠かせない。紙巻筆作り用の和紙も必要である。今までの丈夫一点張りに加え、写経では紙の上質さも要求される。これまで戸籍簿などの地味な仕事をしてきた和紙だったが、この度は国の命運がかかる大一番の仕事だった。

国宝「大聖武」は書の王、紙の王

能書家だった聖武天皇が写経プロジェクトの盛り上げを図ったと考えられることがある。立派な紙を使って見事な写経をしてみせたのである。

東大寺などに遺された「大聖武《おおじょうむ》」と呼ばれる経典がある。賢愚経《けんぐ》（賢者・愚者に対する六十九の説話からなる）を写経した、もとは全十七巻ほどと考えられる経典で、大きく、肉太の堂々たる楷書で書かれていて、極めて格調高い。一般的な経典は一行あたり十七字だが、「大聖武」は一行あたり十二字ほどになっており、その文字の大きさゆえに「大聖武」と呼ばれている。

ただし、実際に写経したのは聖武帝本人ではなく臣下の書の達人とされている。それが当時のやり方だった。

「大聖武」は、ほぼ旧来の形で残る唯一の巻である東大寺蔵の巻第十五のほか、東大寺以外の三か所それぞれに数百行のものなどが現存しており、それらのすべてが国宝である。その他、断簡（賢愚経の写経の切れ端）が複数残されており、それらは国宝ではないものの書道のお手本として大事にされている「書の王」だった。

「大聖武」は紙も特別だった。原料はマユミという落葉低木の樹皮で、紙の原料繊維として優れた特質を持っていた。これまで「大聖武」の紙は中国から船載されたとか、紙の中に見られる細かい粒々は光明皇后の骨を漉き込んであるなど、神秘性まで付加されていた。

しかし、紙繊維の分析専門家である宍倉佐敏などが近年行った調査により、「大聖武」の紙はマユミの靭皮《じんぴ》繊維を主材料にした純国産の和紙との評価が定まった。粒々は紙漉き時に混入したマユミの樹皮のかけらだった。

使われていたマユミの繊維は極めて短く、機械細断をする木材パルプのように柔らかい手触りだった。その上マユミの紙はしっとりとしていて、極めて平滑だった。宍倉は実際にマユミを使って紙の再現を試みた結果、「大聖武」の紙には一年生の若木の靭皮のみが使われていることがわかった。

マユミ紙は、その原料樹皮の入手の困難さゆえに「大聖武」の写経がなされた頃しか存在せず、奈良時代でも限られた目的で作られた極めて特別な紙、「紙の王」だった。

聖武天皇一家による鎮護国家の建設

聖武帝は諸国巡幸中の天平十三年（七四一）に詔《みことのり》を発し、諸国に国分寺と国分尼寺の建立を命じている。国分寺と国分尼寺を合わせると寺の数は全国で百三十六か所に及ぶ大事業だった。

国分寺には金光明最勝王経《こんこうみょうさいしょうおうきょう》を、国分尼寺には法華経を配布した。聖武天皇は数ある仏典の中でもとりわけ金光明最勝王経を重んじた。「為政者が仏教を信仰することで鎮護国家を実現させる」という金光明最勝王経の教えは、平城宮のある奈良を離れて放浪の旅を続けていた聖武帝にとっては、まさに光明が差し込んだような教えだったかもしれない。金光明最勝王経の写経を行い国の安泰を図ることが統治者の安泰を約束する……聖武帝にとってこれほど好都合な教えはなかった。

聖武天皇は奈良時代を通して光明皇后やのちに女帝となる娘とともに、一家を挙げて仏教による鎮護国家建設を推し進めた。天平勝宝四年（七五二）の東大寺大仏の開眼会は聖武帝の国造りの総仕上げだった。

聖武帝が上皇になった後、天皇の座に就いた皇女・阿倍《あべ》内親王（孝謙《こうけん》天皇）も父に劣らず仏教を大事にした。だが、宮廷での権力保持を図る藤原氏は、皇女が寵愛した仏僧道鏡を激しく誹謗するなど宮廷での仏教勢力の台頭を敵視した。

しかし、聖武帝の仏教による国家を安定させるという方針は揺るがなかった。写経した和紙（＝仏教）をあたかも城のように地方にまで張り巡らせ、ついに念願の鎮護国家を築き上げたのである。

2　写経生と紙巻筆

正倉院文書の三つの意義

和紙はどのようにして鎮護国家の城という難役を果たすことができたのだろうか。実は、当時の写経事業の進め方も正倉院文書から知ることができた。東大寺では払い下げを受けた公文書の裏に写経事業の詳細を記し、正倉院に保管しておいたのである。

たとえ大事な国家事業についての記録といえども、白い部分さえあれば書写材として使う……当時の紙がいかに貴重品だったかがうかがえる。正倉院文書は、表に記された日本最古の行政文書、料紙（用紙）そのものの分析により判明した和紙の作り方、さらには紙の裏に記された写経関係の文書、という三点で他にはない重要な史料だった。

写経に費やされた膨大なエネルギー

写経事業の記録によると、当時、全国の国分寺・国分尼寺や東大寺をはじめ、多くの大寺や有力貴族などが各自に写経所を設けて写経に励んだ。中でも東大寺写経所は写経所の中心的存在だった。

奈良時代の古写経のうち現存する経典は、正倉院の聖語蔵《しょうごぞう》に保管されている分だけで千数百巻ある。全国の寺・公私の収蔵を合わせれば一万巻ほどの古写経が現存していると類推する研究者もいる。他にも様々な理由で遺されなかった古写経の量は膨大だったと考えられ、当時の日本が写経に費やしたエネルギーの大きさには驚く他ない。

東大寺では、写経は厳粛な仏事と位置づけられた。百人ほどいた写経に携わる写経生は、日々の写経の前には浄衣《じょうえ》に着替えた。そして仏に供物を捧げる「供奉礼仏《ぐぶらいぶつ》」が仕事始めだった。

写経生への給食は供養と呼ばれた。給金を布施といい、書き上げる写経の枚数によって給金が決まった。経生は多くの志願者の中から筆写に優れた者などが選ばれた。写経は尊い仕事である上に受ける布施も高く、経生は条件の良い仕事だった。

写経生必携の紙巻筆のすごさ

正倉院宝物には、前述の通り、十八本の紙巻筆が遺されている。長さ約五十六センチの特大サイズで開眼会用だったと考えられる一本と、長さ二十センチ前後で当時の実用品と思われる十七本である。写経ではそうした紙巻筆が使われていたと思われる。

紙巻筆の本格的な研究がなされたのはつい最近のことで、書家で文房四宝《ぶんぼうしほう》（筆・硯・紙・墨）の研究家である日野楠雄を中心としたチームにより多くのことが解明された。

紙巻筆の穂先は今日の一般的な筆と違ってかなり短い。現在、世界で唯一人といわれる紙巻筆作家・十五世藤野雲平《ふじのうんぺい》の手で昔通りに作り上げた紙巻筆を使い、書の専門家が試筆した実験がある。その結果、短い穂先は手の動きを敏感に反映し、細く小さな文字も書けることがわかった。

紙巻筆では書き手の心が素直な筆筋となって紙に移り、書写用具としては最高の機能を備えていた。さらに、巻き付けた和紙が含む十分な墨のおかげで、墨継ぎをせず多くの文字を書けた。紙巻筆は写経生たちにとって心のこもった経文を書き、果てしなく続く細かい文字をよどみなく写し続けるための何よりの味方となったに違いない。和紙たちは思いもよらないところで大活躍していたのである。

3　和紙の量と質を向上させた写経事業

写経用の和紙のとてつもない量

国家鎮護の祈りをこめた写経は、正倉院文書のように何かの紙の裏でもよいというわけにはいかない。紙の長城建設を成功させるためには大量かつ質の良い紙が必要だった。紙がありふれた品物ではなかった時代に、膨大な量の写経が行われたのである。そのためにいかほどの紙が必要とされ、国中でどれほどの人と資源が動員されたかについては、断片的ではあるが正倉院文書に記されている。長城の煉瓦を焼くために樹木を使い、国土の緑を丸裸にしたという中国とは違うが、聖武帝の写経用の紙作りも並大抵の事業ではなかった。

奈良時代初めの天平年間から宝亀年間までに写経された一切経は、二十一セットにも上ると推定されている。一切経とは当時の日本に存在した経典すべてが揃っていることを意味し、その写経は極めて尊いとされた。元になる経典は遣唐使に加わった仏僧たちが苦労して手に入れ持ち帰った。当時の日本には本家の唐にも勝る仏典が揃っていたと考える研究者もいる。

一切経一セット分の筆写には大量の写経用紙を必要とした。経巻は紙を横に長く継いで作り、一巻で十五〜二十枚ほどの紙を使う。当時の和紙の大きさは一張（一枚）縦三十センチ、横四十〜五十センチほどが標準だった。一切経（七千巻）の一セット分用紙は表紙なども考えると十数万枚の紙が必要だったことになる。

公私の写経所全体で使用された写経用紙の枚数は、どれくらいあったのだろうか。長年正倉院文書における写経研究に携わってきた歴史学者の栄原永遠男《さかえはらとわお》によると、かつて写経数として文献に記されていた四万五八〇〇巻（一切経を含まず）に、一切経の写経事業分である光明皇后発願《ほつがん》の五月一日経（約八〇〇〇巻）、先写一切経（約三五〇〇巻）、後写一切経（約三五〇〇巻）、周忌斎一切経（五三三〇巻）、五部一切経（二万二九二五巻）を足すと合計八万九〇〇〇巻になり、これに欠落していると思われる写経事業分を加えた総計一〇万巻が、写経のおおよその総巻数だという。

さらに栄原は、一巻に使う紙を二〇張（枚）とすると二〇〇万張で、これに書き損じ、差し替え分などを考慮すると二百数十万張となるが、推測部分が多く実数は保証の限りではない、とする。

他にも地方の寺々や貴族や有力者たちによる写経も膨大にあった。写経用紙全体として考えると、紙の生産は並大抵でなかったに違いない。

正倉院文書に記された写経事業の内幕

正倉院文書に残る写経用紙をめぐる記述は膨大である。内容も、写経すべき経典名や写経した写経生の名前の列挙、写経に使った紙の枚数、写経生が受け取るべき布施（給金）、仕上げた打紙《うちがみ》（木槌で打って艶を出した紙）の枚数、蛍紙（表面を堅く滑らかにした紙）の枚数など、多様である。

写経で予定した枚数を使わなかった場合は一枚でも返却し、破れたり紛失した枚数も漏れなく記され、紙一枚でも行方不明のままでは済まさなかった。正倉院文書に記された写経事業からは、紙に携わることの重大性がうかがえる。

天平十九年（七四七）に東大寺写経所で調達したと思われる写経用紙数は三万一千枚余りだった。内訳は、楮など樹皮で作る凡紙（のりなどを加えず繊維をそのまま漉いた和紙。生紙《きがみ》）が一万七千枚で、麻や黄麻などで漉く上等な写経用紙の麻紙は一万四千枚ほどである。本来ならば写経はすべて上質の麻紙にすべきだったかもしれないが、麻紙は紙漉きの際に硬い繊維をほぐすのが大変だった。

写経用紙はどこで生産されたか

お役書に文書はつきものであり、紙は国家経営にとって必需品だった。奈良には公営の紙漉き場である紙屋院《かみやいん》があり、中央行政府用の紙を漉いていた。紙屋院の年間生産量は二万枚で、中央での一年分の需要の二割弱だった。必要分の多くを全国各地の生産で賄っていた。

全国各地の国府は、地方行政を行うとともに、各種の付属工房を備え物品を生産していた。紙生産もその一つで生産した紙は中央へ納入されたが、国府から政府への報告などに使う文書用紙の量も年々膨れ上がっていたに違いない。次ページの表は当時の国府の標準的な人員構成である。

表に内訳はないが、物品製造のうち人数が一番多いのは武器の生産関係者で、大国は

国府の人員構成

	中央役人	地方役人	物品製造	雑役
大国(13)	9人	18人	196人	320人
上国(35)	7人	16人	154人	260人
中国(11)	6人	14人	112人	200人
下国(9)	5人	12人	49人	150人

(『復元日本大観3　都城と国府』世界文化社、1988年をもとに作成)

百二十人もの人数が割り当てられていた。その次が他ならぬ造紙関係で六十人だった。

越前国、出雲国、筑紫国など紙産地の国府は全国で四十を超え、国府の下には郡家《ぐうけ》と呼ばれる組織があり、各郡家では二名が造紙の仕事をした。紙作りのために国全体では数千人が働いていたことになり、紙の生産は武器生産とともに国家の一大事業だったことがわかる。

写経用紙の質の向上法

写経では紙の量とともに質の確保が大きな課題だった。凡紙（生紙）には根気よく叩いて打ち締める作業（打紙）が施され、さらに表面を磨いて滑らかにした。出来上がった紙は熟紙《じゅくし》と呼ばれ、写経用の紙は熟紙でなければならなかった。

東大寺写経所には紙漉き場こそなかったが、打紙殿といった名前の作業所が設けられていた。蛍生と呼ばれる専門の職人が生紙を積み重ね長時間かけて打って引き締め、さらに紙の表面を硬い物でこすって磨くと、ようやく熟紙になった。

　大掛かりな写経事業に関する記述は、宝亀七年（七七六）になると史料から姿を消した。しかし、紙が長城となって国家の安泰に一役買うなど、今では考えられないような出来事である。天平期の写経は、世界の文化史に特筆されるべき大イベントだったのではないだろうか。

　昭和の初期、日本で初めて和紙の本格的な研究に取り組んだ寿岳文章《じゅがくぶんしょう》は優れた英文学者でもあった。西洋の文化事情に通じていた寿岳は著書に、「天平期における写経の量は、おそらく中世のどの時期のキリスト教国にも対比すべきものはない。キリスト教にも聖典の筆写は沢山あったが、天平の写経生のような真摯な態度は窺われない」と記した。

　打紙という言葉の通り、打紙殿で身を引き締めて写経事業に参加した和紙は、見事に写経の長城を築き鎮護国家を確立する大役を果たしたのである。

　聖武天皇が二十六年間在位し、阿倍内親王が二度天皇の座に就いた年月を合算すると、奈良時代の半分以上は聖武一家の統治だった。この間に国内外の様子も落ち着き、白村江の敗戦以来の日本が唐に攻め入られるのではないかという恐れも、ようやく遠のいたかに見えた。

4　天平の騒乱と百万塔陀羅尼の紙片

短かった「あおによし」の平和

聖武天皇の後を継ぎ天平勝宝元年（七四九）に皇位を継いだ皇女の孝謙天皇は、在位十年で退位し孝謙上皇になる。

代わって藤原仲麻呂《なかまろ》を後見役とした淳仁《じゅんにん》天皇の世となり、聖武帝一家が苦労の末に築き上げた「あおによしの奈良」は大きな試練にさらされた。東大寺の大仏開眼会からわずか十年余り後に「藤原仲麻呂（恵美押勝《えみのおしかつ》）の乱」（七六四年）が起こったのである。

聖武帝が推し進めた仏教重視政策に伴い、宮廷の勢力地図は大きく塗り替わった。仏教勢が力を増したのは必然で、宮廷では孝謙天皇に引き立てられた仏僧・道鏡が高位に就いていた。それまで宮廷の要職をほぼ一手に握っていた藤原一門としては、新興勢力である仏教は許しがたい敵である。淳仁天皇の後見役として権力を手にした藤原仲麻呂は自らの陣営を強引に拡大しようとした。

淳仁天皇・仲麻呂側と孝謙上皇・道鏡側間の苛烈な権力抗争が始まった。紙の長城を完成させた大仏開眼を祝った日本国にとって、城の壁に破れ目ができたのである。

天平宝字八年（七六四）、藤原仲麻呂側はついに乱を起こした。しかし、孝謙上皇側の周到な準備と巧妙な作戦により仲麻呂軍はあっけなく壊滅。仲麻呂は捕えられて斬首、一族三十余名も殺された。淳仁天皇は廃帝となり淡路国に流され（以後、淡路廃帝と呼ばれる）、翌年、逃亡を試みたところを捕らえられ、翌日に没した。実際には淡路廃帝も殺害されたと考えられ、乱の幕切れは陰惨だった。

仲麻呂の祟りに「和紙」で応戦

淡路廃帝亡き後、孝謙上皇は二度目の天皇の位に就き、称徳《しょうとく》天皇となった。称徳天皇の急務は、世の中を落ち着かせ、せっかく完成させた紙の長城の亀裂を修復することだった。称徳天皇と道鏡は陀羅尼《だらに》という呪文を使って祟りを防ぎ、世の平穏を保とうとした。それは百万基の小さな木の塔を作り、一基ごとに陀羅尼経を印刷した紙片（製作年が判明している大量の印刷物としては世界最古）を入れて十か所の大寺に十万基ずつ納めるという計画だった。後世に百万塔陀羅尼と呼ばれる百万基もの小仏塔の作製である。

陀羅尼とは無垢浄光大陀羅尼経《むくじょうこうだいだらにきょう》という経典の末尾に書いてあるサンスクリットの呪文のことで、当時は妄執を遮るとされていた。道鏡はサンスクリットに通じていたといわれるが、もし彼がサンスクリットで陀羅尼を唱えたとしても、意味はわからなかったかもしれない。しかし、当時の呪術は大真面目に取り組むべき方策だった。

百万塔陀羅尼は和紙にさらなる大仕事を持ち込んだ。陀羅尼経の紙は小片ながらも百万という大変な数である。法隆寺に残されている百万塔のうち四千基の調査などから推定すると、使った紙は当時の標準的なサイズの紙（縦三十センチ、横四十〜五十センチほど）にして十二万〜十五万枚である。その数は膨大であり七千巻の一切経を写経するくらいの用紙量に相当した。当時の紙事情を考えれば百万塔用紙の確保にはとんでもない努力が払われたに違いない。

すべてが手作りだった時代の百万という数は尋常ではない。百万枚の陀羅尼の印刷と木塔作りには六年の年月がかかり、完成は奈良時代後期の宝亀元年（七七〇）だった。小さいながら天平工芸の名に恥じない、均整のとれた美しい木塔だった。陀羅尼経の紙片を入れた木の小塔は東大寺、法隆寺、興福寺、四天王寺など畿内の名だたる十大官寺に納められた。百万塔は聖武天皇の偉業をからくも支えたのである。

しかし、百万基あったはずの塔は明治期の廃仏毀釈で財政難に陥った寺々が高値に釣られて売り払われるなどし、四散した。幸い、法隆寺に残った百万塔のうち百基が明治四十一年（一九〇八）に国指定の重要文化財となり、今も拝観できる。

千年経っても失われない和紙の威力

百万塔には様々の不思議が詰まっている。法隆寺を訪ねたことのある人ならばきっとそれと知らないままに百万塔を拝観していて、様々な呪いから身を護るご利益にあやかっているはずである。

百万塔で特に注目されるべきは、塔の中に入れられている陀羅尼経の紙片である。古代でこれほど膨大な数の紙に印刷した例は世界にもない。なお、百万という数は、東大寺華厳宗の本尊である盧舎那仏の足下に広がっているとされる広大な宇宙群の数を示すという。これは二十一世紀の最先端で研究されているような量子科学の空間世界であり、それを予言したような盧舎那仏の偉大さにはひれ伏すしかない。

陀羅尼経を印刷した紙は、古びてはいるが今も立派に当時の状態を保っている。二十一世紀の現代といえども、写経や百万塔陀羅尼の和紙に匹敵するほどの長年月にも耐え、劣化しない記録材を見つけることは難しい。デジタル時代を支えている各種の電磁記録はもちろん、他のどのような物質でも太刀打ちできない和紙の力である。

もし法隆寺を訪れることがあったら、ぜひとも百万塔も拝観し、奈良時代のいくつもの大仕事の真っただ中にあって、和紙がいかに役立ったかを思っていただければ幸いである。

5　和紙と日本人の心

「草木国土悉皆成仏」という思想

仏教は、奈良時代の国家統治という政治的側面をはじめ、寺院建築や造像、美術などの分野で広く日本社会に受け入れられた。

仏教を広める写経事業に和紙が身を挺して働き、国造りのために能力を発揮したのはお伝えした通りである。おかげで和紙としても質量ともに大発展したが、実は和紙にはもう一つ、精神的な働きという見逃せない側面がある。和紙は宗教の枠を超えて日本人の心と深くつながり、日本人らしい精神を形作る上での貴重な役割を果たすのである。

聖武天皇の仏教信仰が写経を通して世の中に受け入れられていったように、和紙も仏教と出会ったことで人々から存在意義を意識されるようになっていたはずである。写経事業を発案・推進した聖武天皇にはそのような認識はなかったかもしれないが、その後の日本人にとっては大きな意味があった。

現代の日本人がどこかで聞いた覚えがある、あるいは精神が高揚した折などに口にしたことがあるかもしれない「草木国土悉皆成仏《そうもくこくどしっかいじょうぶつ》」という成句がある。日本で創り出された仏教用語である。人によっては「山川《さんせん》草木悉皆成仏」として記憶しているかもしれないが、正しくは前者で、意味は、「（人と同じように）草木も国土（仏の世界）に成仏する」である。

この成句は、自然の草木をモノとして支配するのではなく、命あるモノとして共に生きようとする日本人の精神を表している。主に京都を舞台に活躍した哲学者の梅原猛は、生前、この言葉を高く評価して世に広めた。自然破壊が厳しく指摘される二十一世紀に、日本人として確かに誇らしい気持ちになる思想であり言葉である。

和紙は有情のもの

仏教学者の末木文美士《ふみひこ》によると、「草木国土悉皆成仏」の言葉と理論は、平安前期の天台宗の僧で天台密教を大成した安然《あんねん》によって研究・確立された。

本場のインド仏教では、成仏できるのは有情《うじょう》（心）を持つ人間だけである。無情である他の動物、ましてや草や木などは国土（仏の世界）には行けない、つまり成仏できない。他の東アジア諸国でも答えは本場インドと同じだった。

一方、日本には古来、自然をあまねく崇拝する神道の思想があった。仏教を日本に普及させる上で、神道の自然観と有情・無情を分ける仏教との違いは、解決すべき大きな課題だったはずである。末木は安然の研究意図は不明とするが、日本人は安然の理論のおかげで古来持っていた独自の自然崇拝の思想を曲げることなく仏教の受け入れが可能となった。「草木国土悉皆成仏」は、和紙にとっても喜ばしいことだった。

和紙は、自然の樹皮を薄くて平らな形状にしたものであり、もとは草木である。安然は、草木は人と同じ有情のものだと証明してくれたのであり、草木を薄く延ばした紙はもともと有情で、紙になって国土に成仏したものなのである。

和紙がもともとは有情であるならば、それを使う人間とどこかで心を通じ合える。和紙は人間の心に入り込み、人が自然の小道を散歩する時に体験するように、人に様々な想いを浮かばせる力を持っているのかもしれない。

安然が草木と仏教の関係を理論的に確立したのは平安前期だったが、自然を崇拝する神道とそうではない仏教とを融合させようとする考えは、写経などを通して仏教が広まった奈良時代の日本人の心の中ですでに芽生えていたのではないだろうか。このような有情の思想は、同じく草木から紙を作ったアジア諸国などでは考えられない、日本独自のものだった。

短かった奈良時代が終わり、都が京都に移ると、宮廷を中心に新しい文化の花が咲き誇った。そこでは和紙が人々の精神面においても大きな役割を果たすことになるのである。

第四章

和紙と紙巻筆が生んだ源氏物語

1　紫式部と「紙の国」

紫式部、「平仮名と和紙」と出会う

紫式部が世に出たのは四百年続いた平安時代の中頃にあたる。奈良時代が終わってすでに二百年余り経ち、都は京都の平安京に移っていた。漢字から万葉仮名が生まれ、それを母体にした平仮名が生み出されたのは、この二百年ほどのことだった。

日本に漢字が伝えられて随分と時を経ていたが、外来の文字だけでは日本人らしい生き方や感情をうまく表現できない。日本語用の新しい文字体系である平仮名ができたおかげで、日本の文化は飛躍的に日本らしさを発揮できるようになった。

その平仮名を書き記すのに和紙は最良の書写材であり、さらに和紙を巻き込んである紙巻筆は墨をたっぷりと含み、筆写に平仮名らしい滑らかで連続した表現を与えた。まさに、この時期に紫式部が現れて平仮名と和紙と出会ったのである。

源氏物語にとって平仮名は欠かせない要素であり、漢字や漢文の源氏物語などは考えようもない。そして源氏物語で平仮名が役目を果たす時、そこには和紙という頼もしい介添

え役がいた。和紙にとってさらに幸運だったのは、紫式部が物語の中で、和紙そのものに人の心を表現させる、という重要な役回りを与えてくれたことである。

源氏物語は世界的文学であり、和紙ごときが紫式部の表現にどうこうしたなどは何事かとお叱りをいただくかもしれない。しかし、源氏物語に使われた紙というだけでも世界文学の最高峰に位置するのであり、和紙がそのような役割を果たすなど夢のようである。

紫式部と平仮名と和紙との出会いは、日本の歴史を輝かせる奇跡のような出来事だった。

越前国と源氏物語

紫式部は結婚前の娘だった頃、和紙の産地として知られた越前国の国司となった父・藤原為時《ためとき》に従い、国府所在地の武生《たけふ》で二年近く暮らしたことがある。

現在の福井県越前市の中央部が武生で、そこからほど近い越前五箇《ごか》地区（越前の五つの村。現在の越前市大滝町《おおたきちょう》、岩本町《いわもとちょう》、不老町《おいずちょう》、定友町《さだともちょう》、新在家町《しんざいけちょう》）は古くから和紙の産地だった。今は「越前和紙の里」を名乗る観光地でもある。

為時の家柄は代々地方廻りの役人である。大国である越前の国司は彼が各地を廻って何度目かに得た良いポストで、地方役人としては恵まれた場所である。一方、父に従って京を離れた式部にとっての越前国は、のちの源氏物語で大事な役割を果たすことになる和紙との出会いの場でもあった。

式部、父に従い紙の国・越前へ

福井県越前市の五箇地区には「紙漉き誕生の地」という紙祖伝説がある。

それによると、昔この土地に川上御前《かわかみごぜん》という美しい姫君が現れ、土地の人に紙漉き技術を教えたことになっている。以来、越前五箇は和紙生産発祥の地とされ、川上御前は今も越前市の五箇地区にある「岡太《おかもと》神社・大瀧神社」に祭神として祀られている。

紫式部が暮らした頃の越前はすでに奈良時代から知られた和紙の産地だった。正倉院文書には、天平九年（七三七）「越紙一千張薄」という記述がある。越前国産の薄い紙一千枚、という意味であり、その頃の越前がすでに上等な紙（＝薄）の産地だったことを示している。

平成八年（一九九六）に福井県や武生市（現・越前市）などが推進役となり、式部が父の為時とともに都から武生に赴く行列を再現した華やかなイベント、「紫式部千年祭」が催された。平成八年は為時が越前に赴任した長徳《ちょうとく》二年（九九六）年からちょうど千年だった。

一千年の昔に一行がどのような経路で武生に赴いたかについては詳細な研究があり、紫式部千年祭はできる限り史実を尊重しながら再現された。

長徳二年六月五日、為時一行は慣例に従い、まずは陸路で滋賀の大津に出た。暑い夏の盛りの京を出た一行五十人ほどは大津で一泊したのち、船で琵琶湖を北上し塩津へ渡った。塩津は湖の最北端にあり今の長浜市である。一行はそこで船を降り陸路で敦賀に向かった。千年祭イベントの行列では敦賀から先は目的地の武生まですべて陸路になっていたが、実際には敦賀から再び船を使って日本海沿いに北上し、その後、内陸に入ったと考えられている。

陸路は馬か輿か徒歩である。式部はできる限り輿に乗ったであろうが、途中には輿が使えないほどの険しい山道もあった。そこでは彼女も山歩きを余儀なくされたはずである。式部には特別な美女だったという記録もないが、何といっても国司の娘、つまり越前国一番のお姫様である。都からの行列やお姫様はさぞや人目を引いたに違いない。

福井県・越前五箇の「岡太神社・大瀧神社」に祀られている紙祖神・川上御前。川上御前は1500年ほど前に越前五箇に現れ、紙作りを教えたとされる。御前とは渡来人のことだったのだろうか。

（写真提供：福井県和紙工業協同組合）

お姫様はのちに自分で編纂した

『紫式部集』に越前にまつわる和歌を何首か載せている。そこでは京を離れる寂しさや雪の深い越前の厳しい自然が詠まれていた。

九七三年頃（または九七八年頃）に誕生した紫式部は、すでに二十歳前後だった。越前での体験は京での暮らしからは遠く離れ、知らなかったであろうことの連続である。式部が越前で出会った様々の事柄が、のちに彼女が書くことになる源氏物語に影響を与えたとは考えられないだろうか。

2 越前国府の紙生産システム

越前の紙生産体制

紫式部は二年近くを武生で暮らした。越前国の国府の建物である国衙《こくが》の場所は、今の越前市役所近くと推定されている。国司である為時と式部は国衙の一角に住んでいた。

国府が現代の県庁組織などと大きく違うのは、そこが行政事務だけではなく、いくつもの手工業生産部門＝もの作り工房を付属していたことである。当時の律令制によると、越前のような大国の場合、国府で働く役人は中央派遣組と地方採用組がいた。それに工房の作業員を合わせると五百人を超える人員である。

国府では武器生産に最も人員を当てることが決まっていた。工房の要員で二番目に多い和紙作りには六十人だった。しかし、天平時代の地域産業を研究した歴史家・浅香年木《あさかとしき》によると、すべての金銭出納が記されているはずの越前国府の正税帳《しょうぜいちょう》（国の税の収支を記した帳簿）に、造紙のための支出が一切なかった。同様のことは古くから産紙地である長門《ながと》・周防《すおう》などの正税帳でも見られた。

これは国内に紙の産地があったところは、国府が直営の紙作り工房を設けるより地元の紙産地に命じて、できた紙を税として納めさせた方が好都合だったことを示している。

和紙作りに携わりながら五箇の歴史を研究する石川満夫は、国府のあったとされる武生地区からは東の五箇地区に延びる真っ直ぐな道があったという。直線道は官道に見られるもので、国府と五箇との密接な関係を示す。

当時、和紙需要の大半は中央や地方の役所の書類であり、急速に需要が増えていた。武生の中心部から東に十キロ弱のところにある五箇の里は古くからの和紙産地であることから、五箇は越前国府の工房として紙生産を行い、税として武生の国府に紙を納めていたと推定されるのである。

式部の越前での暮らしと結婚

この時期の紫式部は学者でもある父と一緒という知的な環境にあり、京を離れていても貴族女性らしい暮らしをしていたと思われる。のちにライバルとされた清少納言の枕草子は一〇〇〇年頃の成立とされるが、彼女が宮廷で才女として名を馳せていたことは耳にしていたに違いない。

式部は国府での暮らしぶりなどについては何も書き残していないが、越前の自然について数首の和歌を詠んでいる。武生での二年近くは貴族の娘が京にいては体験できない世の中の様々なことや、京に比べると厳しいながらも多様な自然の姿を学んだ貴重な時間だったようである。

式部は越前にいた間も、のちに夫となる京の藤原宣孝《のぶたか》と度々手紙や歌のやり取りをしていた。宣孝は同じ藤原氏として親戚筋にあたり、父の友人だった。京にいた時に宣孝のことをよく知らないまま付き合い始め、越前に来てからは友人に宣孝のことを手紙で教えられたりしていた。そして二年近くのちの九九八年春、式部は父の任期終了を待たず京に戻り、宣孝と結婚した。

長保元年（九九九）か少し後、宣孝と式部の間に娘が生まれたが、その幸せは長くは続かなかった。長保三年（一〇〇一）に宣孝は急死する。式部の宮廷勤めが始まるのは、彼女が夫の失った後しばらく経ってからである。

3　源氏物語に描かれた「本当の歴史」

正史の「建前」に気づいていた式部

紫式部が文人一門である父の為時から漢籍・漢文による幅広い教育を受けたことはよく知られている。中国や日本の歴史や文学の教養は宮仕えに大いに役立ち、当時の中宮《ちゅうぐう》だった彰子《しょうし》の家庭教師役として唐の詩人・白居易《はくきょい》の漢詩を集めた白氏文集《はくしもんじゅう》なども教えた。

そのせいで宮仕えを始めた頃は他の女房たちから足を引っ張られたりもする。式部がいじめを受けたエピソードは、男性には当たり前の漢字の世界が女性にはそうでなかったことを物語っている。

古代日本には国が作った歴史書が六冊あり（『日本書紀』『続日本紀』『日本後紀』『続日本後紀』『日本文徳《もんとく》天皇実録』『日本三大実録』）、総称して六国史《りっこくし》と呼ばれる。いずれも中国の史書に倣った編年体という構成で、歴代天皇の事績を年代順に漢字で記録したものだった。式部は女性ながら、その六国史を読んでいたのである。

式部は六国史などの正史が宮廷で体験した実態に比べれば建前に過ぎないことに気づいた。そして、彼女が体験した当時の宮廷人たちの人間模様の中にこそ世を動かす政治があり、そこから本当の歴史が生まれることを知った。式部は源氏物語を通して本当の歴史を書き記したかったのだ……。歴史研究家の瀧浪貞子によるこの源氏物語誕生の動機は興味深く、説得力に富んでいる。

源氏物語の中で描かれた時代

瀧浪は有名な源氏物語の書き出し「いづれの御時にか」の「いづれ」は、架空の時代を装いつつ、実は第五十八代の光孝《こうこう》天皇（在位八八四〜八八七）の御代のことだと考える。光孝天皇は六国史最終巻の『日本三代実録』の最後に登場する天皇である。源氏物語の時代設定は光孝天皇没後百年ほどのちとなっているが、どちらも暮らしや権力は代々の家柄や血筋で左右された時代だった。

紫式部の時代の宮廷人にとって、「いづれ」の御時の光孝天皇から自分たちのいた一条天皇までの百年間は、決して単なる「過ぎてしまった昔」のことではなかった。「いづれ」

の登場人物たちは彼や彼女たちと縁続きの先祖であり、源氏物語の読者であった宮廷人たち自身もまた、大なり小なり宮廷人同士の権力争いの真っただ中で暮らしていた。

宮廷の権力が閨閥《けいばつ》に左右されることを目の当たりにしている源氏物語の読者＝宮廷人たちにとって、閨閥の基となる恋の行方や秘め事ほど面白く興味深いものはない。源氏物語の「いずれ」は宮廷の貴族や女房たちの「今」と直結していたのである。

瀧浪は源氏物語の蛍《ほたる》の巻で光源氏（源氏）に「日本紀などは　ただ　かたそばぞかし」と言わせていることに注目する。「かたそば」とは「片岨《かたそわ》」、山の一方の崖、という意味である。天皇の事績を編年体で書き連ねただけの史書などは歴史の片面に過ぎない、と紫式部は言ったのである。

現代人の目から見る『日本書紀』のような歴史書は、確かに「かたそば」である。しかし千年も前の紫式部が「かたそば」を見抜き、それを物語に仕立てようとした天才ぶりには感嘆するしかない。

起きた出来事の「かたそば」を書いたり、自身の考えをただ書き連ねるだけでは、世に受け入れられる見込みは低い。この時期の日本が世界の文学史に輝く源氏物語を生んだ背景としては、平仮名の誕生とともに、これまで語られることのなかった和紙や紙巻筆などの存在が欠かせなかったのではないだろうか。

4　平仮名と和紙と紙巻筆

平仮名の魅惑

紫式部の登場に呼応するかのように、時代は彼女の感性を発揮するのにふさわしい手立てを新しく用意していた。平仮名である。

平仮名は紫式部の生まれより百年近く前、九世紀末から十世紀前半には出来上がったと考えられている。ごつごつした漢字に対し、平仮名は女手《おんなで》と呼ばれたように美しい曲線で成り立っていた。

卑弥呼よりはるか昔のこと、日本人の祖先たちが使っていた言葉には文字がなかった。中国大陸との交流が始まると、日本人は中国の漢字で日本語を表現した。やがて奈良時代になると、漢字の音訓を借りて日本語の発音を表す万葉仮名（也末〔＝やま（山）〕など）を作り、万葉集などを書いた。さらに平安時代には、万葉仮名を崩した平仮名が使われた。

平仮名には、男たちが使っていた漢字にはない豊かな表現力があった。縦に文字を続けて書けるので、書き手の気持ちを途切れなくすらすらと表すこともできた。胸の内に閉じ込められていた紫式部のもの思う気持ちは、平仮名という有力手段を味方につけたのである。

平仮名を書くには、和紙と紙巻筆

豊かな思いを表現する平仮名の特性をしっかりと発揮させるには、それにふさわしい書写材や書写用具が必要である。奈良時代の写経の大事業は和紙の質を著しく向上させた。さらに、その頃から作られるようになっていた雁皮（ジンチョウゲ科の落葉低木）などを混ぜた紙は、楮だけの紙よりも筆の走りがひときわ滑らかで、平仮名にふさわしかった。

東京世田谷区の五島《ごとう》美術館副館長で書家でもある名児耶《なごや》明は、平安時代の和歌集に見る平仮名と和紙との関係について、「粘り強く薄くてしなやかな和紙こそ、時にはごくごく細く小さく、時には空を滑るように筆が走る平仮名書きにとってこの上ない贈り物であり、何にも代えがたい書写材だった」と著書に記した。和紙は平仮名に込めようとした日本人の想いを見事に受け止めていたのである。

名児耶の言う文字と書き手との関係は、和歌集に限らない。紫式部の想いは平仮名となって和紙の上を走り、見事に五十四帖の源氏物語が出来上がったのである。

その際、書き手の想いと和紙をつなぐ役目としては、奈良時代の写経でも用いられた紙巻筆が最もふさわしかった。紙巻筆の穂先は紫式部の想いにつれて、自在に繊細に動いて平仮名の物語を綴った。筆に巻き込んである和紙にたっぷりと含まれていた墨は、登場人物たちの連綿とした思いを途切れることなく綴っていったのである。

華麗な平安文学を成立させた和紙

平安時代になると、世の中の和紙の供給にも余裕が生まれていた。和紙はまだ安価な品ではなかったが、貴族たちは個人的用途でも自由に紙を使った。その頃の舶載品の唐紙はまだ和紙に比べて上等で高価なブランド品として特別扱いされていたが、源氏物語の原稿執筆に使う分くらいの和紙は不自由なく紫式部の手に入った。

『紫式部日記』に、「このごろ反故《ほご》も　みな破り焼き失ひ　雛などの屋づくりに　この春しはべりにし後」（近頃、不要になった手紙類も、みな破ったり焼いたりして、手元からなくなってしまい、雛遊びの人形の家作りに、この春使ってしまいまして後）という箇所がある。使い放題というわけではないが、書き損じの紙は破ったり焼いたりしてしまい、紙を遊びとして気ままに使っていたことがわかる。

供給量が少なく極端に貴重だった時代の和紙なら、公務用オンリーであり、多少のゆとりができたとしても、男性貴族の漢詩作りくらいにしか回らなかったに違いない。奈良時代の大々的な写経事業のおかげで質量ともに大幅な発展を遂げた和紙は、平安時代の華麗な文化への何よりの贈り物だった。

源氏物語と前後して今に残る数々の平安女流文学・日記・和歌の名作の数々の背景には、このような時代の応援もあった。

枕草子の中の和紙

平安時代の他の女流作家たちは、紙に対してどんな思いを抱いていたのだろうか。紫式部と並び称されることが多い清少納言は、『枕草子』に「心ゆくもの」と題した文を書いている。

「白く清げなる　陸奥紙《みちのくがみ》に　いといと細う書くべくは　あらぬ筆にて　文書きたる」（白くきれいな陸奥紙に　大変細く書くのは難しいような筆で　手紙を書いた時）、である。

陸奥紙は当時、高級和紙の一つだった。しかし、陸奥紙は少し厚くぼってりとしていたから、本来は細字を書くような紙ではない。清少納言は陸奥紙に文を書くことになった経緯は書いていないが、陸奥紙に「心ゆく」まで書いた。

『枕草子』では本文や補足の段を含め、全体で数十か所、紙について触れている。ただ、どの箇所も字数が少なく、紙色などを簡単に伝えているだけである。また、『枕草子』に限らず他の女流作家たちの書いた作品にも、源氏物語のように紙にこだわりを持ちながら書き進められたと思えるものはない。

清少納言が和紙を使ったのは、自分の才を誇る道具としてであり、他の女流作家たちも紙にあまり関心を寄せなかった。一方、紫式部は源氏物語で随所に紙を巧みに利用して物語を展開させた。

男たちの「かたそば」な歴史書に対して真実の歴史に迫ろうとした式部にとって、和紙は絶好の表現手段であり、さらには和紙自身にも物語の中で大事な役を務めさせた。和紙としては感謝感激あるのみである。

紫式部と和紙の里

紫式部が父に従って越前国に赴いたのは長徳二年（九九六）の夏である。彼女はそれから二年近く国府のあった武生で暮らしている。

越前にとって和紙生産は古くから続く一大産業だった。和紙に対する同時代の上流女性たちと紫式部との違いは、どこから生まれたのだろうか。その背景として、紫式部が京にいたままでは決して体験できない越前での和紙との出会いがあったとすれば、和紙としてこれほど嬉しいことはない。

紙漉き作業は、紙液に入れるネリ剤であるトロロアオイなどの効きの良い冬が最盛期である。越前に冬がやってきた時、紫式部が武生から少し離れた五箇の里の紙漉き場に行き、寒さに震えながら紙漉きを見学した……と想像してみるのはどうだろうか。

当時の宮廷貴族と山の里人との生活は、かけ離れていた。しかし、五箇で生産した紙は国府に納められる重要な品であり、互いに行き来が必要だったはずである。双方の距離は十キロ弱しかなく、官道として直線で歩きやすい道が通じていたとすれば、日頃から何かと紙の書物に親しんでいる国府の姫君が和紙の里を訪ねて、紙漉きを見物する機会があっても不思議ではない。

紙漉きたちは、舟と呼ばれる紙漉き用の桶から魔法のような手さばきで白い紙液を掬い、簀に載せ、絶妙に揺すって紙を漉いていく。生乾きの紙を板に広げ冬日に晒して干すと、やがて薄くて白い柔らかな和紙が出来上がる。五箇の紙漉き場は和紙の染色も得意だった。様々な技巧で紙が装飾されていく過程は彼女の興味を誘ったに違いない。

源氏物語は未だ彼女の脳裏に浮かんでいなかったとしても、賢く洞察力に富んだ紫式部である。五箇の里の紙漉き場見学は、普段あまり深く気にとめたことのない和紙に何かを感じる貴重な体験となったのではないだろうか。

5　和紙の魅力が生み出した源氏物語

表舞台に上がった和紙

平安時代は紫式部の出現を予期していたかのように、平仮名と和紙を同時に用意するという離れ業を演じた。源氏物語を執筆する時、紫式部の利き手には平仮名を書き記す紙巻筆があり、もう一方の手には白く滑らかな和紙があった。

紙巻筆の穂先は奈良時代より長くほっそりしていた。和紙を前にした紫式部には、自然の中にいるような豊かな想いがあふれ出て、墨を含んだ紙巻筆を自在に紙の上を走らせていく……彼女の執筆作業はこのような風景だったのではないだろうか。

現代とは違い、平安時代の世の中の「景色」は、極めて限られたものであったに違いない。今の世を支配しているような、派手派手しく、圧倒的な量で迫ってくる装飾品や複雑怪奇な機器類、この世のものとは思えない騒音や色彩など、一切なかった。式部を取り巻いていたのは、布と木と紙と土の焼き物、それに少々の金属類から作ったもの程度だったであろう。しかし、それらのものは、いつも与えられた役をしっかりと果たし、使ってくれる人に愛された。そこに暮らす人々は、身の回りのものに常に細やかに接し、またしっかりとものの本質を見据えながら世の中を生きていたのではないだろうか。

　そんなことが本当だったと思わせるように、源氏物語では描かれる宮廷人たちの日常にしばしば多様な役割を持つ紙が登場し、紙をめぐっていくつもの興味深い出来事が起こった。紙は宮廷人の生活や立ち振る舞い、さらには人生の浮き沈みといったことにまで複雑に結びついていたのである。

　紫式部はいくつもの場面に和紙を登場させながら、「かたそば」では伝えられなかった宮廷内の出来事を、面白くもあはれにも展開させた。本来黒子だったはずの和紙は物語の展開につれていつの間にか表舞台に上がっていたのであり、身に余る光栄だった。

競い合う紙たち

「梅枝《うめがえ》の巻」には、源氏が入内《じゅだい》する娘・明石《あかし》の姫君のために、内容や筆跡に優れ、名筆といわれる書き物を集めるシーンがある。

「唐の紙のいとすくみたるに　草《そう》書きたまへる　すぐれてめでたしと見たまふに　高麗の紙の　肌こまかに和《なご》うなつかしきが　色などははなやかならで　なまめきたるに　おほどかなる女手の　うるはしう心とどめて書きたまへる　たとふべき方なし」

（唐の紙が高価で使うには身がすくんでしまいそうなのに、源氏がお書きになった草仮名が、とりわけ結構なものと宮はご覧になる。また、高麗の紙で、きめ細かく和やかに優しい感じの、色なども派手ではなく優雅な料紙に、おっとりとした平仮名できちんと気を配ってお書きになったのが、たとえようもなく素晴らしい）

ここでは唐と高麗の紙とが図らずも競い合っていた。宮廷内では入内用ともなると、舶来の高価な紙を使っていたことを教えてくれて興味深い。

女房たちにはふんわりとした高麗の薄様《うすよう》がお気に入りだったようだが、当時の宮廷人たちの紙に対する繊細な美意識とそれを巧みに表現する紫式部の感性は、改めて紙の持つ美に気づかせてくれる。優美で繊細な美の世界が何より尊重される平安時代にあって、名筆は入内する娘の出世を助ける強力な道具であり、紙と紙巻筆は見事その大役に応えたのである。

ここでは登場せず残念だったが、日本で漉いていた薄様と呼ばれる斐紙《ひし》（雁皮紙《がんぴし》。鳥《とり》の子紙《こがみ》とも）は、薄くつややかで筆の滑りもよかった。斐紙の斐は、「うるわしい」「軽い」の意であり、鳥が羽を左右に広げたさまを表す。鳥の羽のように美しく薄く軽いのが斐紙＝鳥の子紙だった。古くから越前の特産品であり、鳥の子という呼び名は地色が淡い卵色をしていたからといわれる。斐紙の上に散らし書きされた平仮名も、淡い卵色の紙の上に浮かび上がり美しかったはずである。

紙の色へのこだわり

紙色についても宮廷人たちは並々ならぬ関心を寄せ、それについて触れた巻がいくつもある。手紙の紙の色の組み合わせは、紙の香りなどとともに、相手に想いを伝える手段だった。紙は何とも難しい役を仰せつかっていた。

「帚木《ははきぎ》の巻」には、梅雨時の夜に源氏が宮中を訪ねてきた頭中将と女性についてあれこれと話す有名なシーンがある。その時いきなり話に入るのではなく、頭中将が本棚にあった源氏あての「色々の紙なる文ども」を見たがる話が前置きされる。「色々の紙」とは、多様な紙ではなく文字通りカラフルな紙を意味した。

紙色についてのその他の記述としては、「紅葉賀《もみじのが》の巻」の「赤き紙の映るばかりに色深きに」、「葵の巻」の「濃き青鈍《あおにび》の紙なる文」、「行幸《みゆき》の巻」の「白き色紙に　いとうちとけたる御文」、「常夏《とこなつ》の巻」の「青き色紙一重ねに」、「紅梅《こうばい》の巻」の「紅の紙に若やぎ書きて」といった具合である。平安人の紙色に対する細やかな感性が鮮やかに表現されていた。

源氏は能筆家でもあった。「梅枝の巻」では色が付き美しく装飾された紙と源氏の能筆がコラボレーションして、見飽きることのない美の世界を作っていた。源氏自らの筆の腕前と紙色への感性のよしあしは、源氏の未来を決める大事な要素だった。

陸奥紙をめぐる紫式部と清少納言

「末摘花《すえつむはな》の巻」で末摘花が源氏にあてた文には、「陸奥国紙の厚肥えたるに、匂ひばかりは深う染めたまへり」とある。容姿に劣る末摘花は、大事な紙の使い方も知らない女という設定である。男が使うような陸奥紙に匂いを強く染み込ませて使ったことに対し、女房たちに「厚く肥えた不格好な紙だから、紙が厚い分だけ匂いがたっぷり染み込んでいたわね」と皮肉を言われるのである。

陸奥紙は、楮が原料で色も白くて柔らかい。もともとあった檀紙《だんし》（ちりめん状の皺のある厚手の和紙）という高級紙と同じような紙で決して悪いわけではなく、当時は評価の高い紙だった。しかし、宮廷では女たちが薄様の斐紙を懐紙に使い、厚手の陸奥紙は男たちが使うことになっていた。厚手でぼってりとした紙は女からの手紙には使うべきではなかったのである。

紙に匂いを染み込ませるのはしきたりだったが、紙が厚い分、匂いが多く染み込むことに気づかなかったのは末摘花の手落ちだった。そこをつく女房たちはいかにも目ざといが、このように男女の間柄は万事に神経が張り巡らされていなければならなかった。

紙に匂いを付ける話は「藤袴《ふじばかま》の巻」にもある。そこでは男たちから玉鬘《たまかずら》に寄せられる恋文に様々な匂いがあることについて、「紙の色、墨つき、しめたる匂いもさまざまなるを」と女房たちの格好の噂の種になる。玉鬘は源氏からの手紙に「唐の紙のいとかうばしきを取り出でて」と返事を出した。源氏が使う紙は染み込ませる匂いもさすがで、他の男を寄せつけなかった。

紙にまつわることは、貴族にとって教養の高さを示す大事な基準の一つだったようである。紙の持つあはれをわきまえ、そこに作り出される濃密な人間関係の積み重ねが宮廷での居場所を左右した。顔も見えない夜の暗い帳《とばり》の中で出会いを重ねるような時代に紙の出番はいつも難しかったが、その分、働き甲斐があった。

陸奥紙をめぐるエピソードは枕草子にも記されているが、そこでは清少納言が陸奥紙を使って自らの能筆ぶりを誇示しているように読み取れる。しかし、紫式部は同じ陸奥紙を登場させつつも、それとはまったく違ったエピソードに仕立てた。和紙は使う人によって多様な姿を見せるのである。

紙屋川は日本文化の源流

「鈴虫《すずむし》の巻」には源氏が出家した妻・女三の宮の持仏《じぶつ》（自宅の居間に安置したり、身辺に置いたりして常に信仰する仏像）に阿弥陀経を供える時のエピソードがある。

当時の宮人たちは出家すると、自分のためのお堂や持仏を持つことになっていた。また、経典は読経のため毎日使うので、擦り切れない紙に写経したものでなければならない。それではと紙屋院の人を呼んで写経に使う用紙を作らせることになった。

当時、一流の貴族たちが紙屋院に好みの紙を作らせていたことは興味深い。使う目的によってどんな紙がふさわしいかを慎重に吟味し、紙屋院の造紙手に命じて紙の一枚一枚を注文して作らせる……平安時代の貴族にとって、紙とはそういうものだった。

紙屋院は、奈良時代に設置された紙を漉く作業所兼、紙作りの技術センターで、書籍などを管理する図書寮《ずしょりょう》の下にある役所だった。中堅幹部には渡来人と思われる名前も多く、紙を漉くのは山背国《やましろのくに》の紙戸《かみこ》（紙作りに携わった技術者集団。京都太秦《うずまさ》あたりの渡来人）が命じられていた。平安遷宮に伴い紙屋院も奈良から京都に移ったが、源氏から紙の相談に与《あずか》ったのもそのような紙作りの技術者の一人だったかもしれない。

紙屋院は、京都に移るにあたり、秦氏の住む太秦地区の川の側に場所を定め、その川を紙屋《かみや》川《がわ》と呼んだとされる。太秦とは渡来人である秦氏の長の名前で、国宝の木造弥勒菩薩半跏《はんか》像で有名な広隆寺は秦氏の氏寺だった。

紙屋院の名残を思わせる仕事は、東京・宮内庁の書陵部に受け継がれている。現代でも多くの宮中行事には和紙が使われ、書陵部の仕事には和紙の深い知識が欠かせない。また、宮中に残された膨大な和紙史料の整理や修復も必要である。和紙は日本の伝統文化の根源ともいえる場所を支えているのである。

紙屋川の源流は、京都市北部の鷹峯《たかがみね》にある。時が流れ江戸時代になると、芸術家・本阿《ほんあ》弥《み》光悦《こうえつ》が鷹峯に光悦村を開き、多彩な芸術活動を繰り広げた。紙屋川は古来多くの美を浮かべて国内の各地に運んだのであり、日本文化の源流といってよい。

今はお世辞にも清流とはいえないが、紙屋川はいかにも京都らしく奥深い由緒にあふれた川である。

第五章

平家一門を西方浄土に導いた装飾料紙

1　装飾料紙の究極、「平家納経」

清盛の願文「来世の妙果よろしく期すべし」

平家を頂点にまで押し上げた平清盛が活躍したのは平安時代末期である。源氏物語のモデルの一人でもあった藤原道長が摂政・太政大臣として権勢を振るい、一門の栄華を誇っていた時から一世紀半ほど経っていた。

四百年続いた平安時代には自らの繁栄ぶりを宣言した人物が二人いた。一人は藤原道長で、望月の歌「この世をば　わが世とぞ思う望月の　欠けたることも　なしと思へば」を詠んだことで知られる。

もう一人は平清盛だった。彼は道長のような和歌は詠まなかったが、代わりに法華経などを写経して瀬戸内海に浮かぶ厳島神社に献納した。今に残る国宝「平家納経」である。清盛は納経にあたって誇らしげに一門の栄華を誇り、それが来世にも続くことを願った。そして、納経の冒頭にある願文《がんもん》には自らの筆で「今生《こんじょう》の願望すでに満ち、来世の妙果《みょうか》(仏果)よろしく期すべし」と記した。

清盛は、藤原道長の望月の欠けた理由が、他ならぬ武門出身の自分たち、平氏一族の台頭にあったと自任していたに違いない。

道長の望月の歌は、人生終盤の頃の作とされている。一方、「平家納経」から見えてくるのは、絶頂期が続くと信じ、自らの繁栄ぶりに揺るぎない自信を持っていた清盛の姿である。「平家納経」は太政大臣に就いた清盛が道長に比肩したことを示すための宣言文だったようにも思われる。

装飾料紙で西方浄土を目指す

清盛の納経が永遠の繁栄を誇示する手段として選んだのは、写経用紙に様々に装飾した和紙である装飾料紙を使うことだった。

彼は西方浄土のように飾り立てた装飾料紙に経文に書き、厳島の神社に奉納すれば、一族の安泰が得られる、装飾料紙は極楽行きの最強のチケットになる、と考えたのである。和紙にしてみれば、我が身を一体どこまで美しく飾り立てることができるか、紙の美を極限まで追求する願ってもない機会だった。

清盛が厳島神社の十一面観音菩薩に奉納した「平家納経」は、装飾料紙によって荘厳《しょうごん》された（美しく厳《おごそ》かに飾られた）法華経二十八巻、般若心経、経箱《きょうばこ》などからなる。

奈良時代に始まる紙の装飾は、平安時代に入り一層磨きがかかった。多彩な手法で飾られた装飾料紙が作られ、当時、和歌集や写経に多く使われた。そして、平安時代末期の平家納経のおかげで、和紙はこれまでの集大成ともいえる最も贅を尽くしたきらびやかな時代を迎えることとなる。

都人たちは四百年という長い平安時代を経る中で和紙を様々に変身させたが、その総仕上げともいうべき装飾和紙の究極の姿が、平家納経だった。

2　装飾料紙の美世界

装飾料紙は日本独自の紙芸術

紙の色染め、金銀の箔、雲母摺り、版木模様、墨流しなどの技法は中国伝来だった。奈良時代に日本にもたらされると、装飾の繊細な美しさは極限まで追求され、新しい紙芸術の世界を生んだ。平安時代の装飾料紙は、和紙の特質を生かしながら創られた日本ならではの芸術作品である。

平安時代の和歌集に使われた装飾料紙は詠草《えいそう》料紙とも呼ばれる。詠草料紙は、伝来の装飾技法に工夫を凝らし、空に浮かぶ色とりどりの雲模様や、繊細なさざ波模様の紙など、いくつもの様式が生まれた。模様には、打雲《うちぐも》、羅文《らもん》、飛雲《とびぐも》などの名が付けられており、紙面上に自然の再現を目指していたことがわかる。

美しい詠草料紙の上に仮名文字を綴ると、そのコラボレーションから新しい美の世界が生まれる。詠草料紙に点々と浮かぶ紺や紫色の雲の模様は、一枚の紙を無限に広がる空に変えた。装飾料紙には広大かつ繊細な自然が広がり、和歌は空の彼方の雲や水面のさざ波に乗って、見る人に届けられた。

和紙は、自身の持つ自然の美しさに、種々の装飾を付加することによって、まばゆいばかりの美術作品に姿を変えた。装飾料紙の作り出す世界は日本の美を代表するものの一つといってよい。

「漉き掛け」技法が作る大自然

打雲や羅文などと呼ばれる紙の装飾は「漉き掛け」という技法を使う。紙漉き作業の途中、まだ簀の上にある状態の紙液の表面に、色を付けた別の薬液を必要な所にだけ部分的に載せる、つまり「漉き掛け」るのである。

漉き掛けた後で紙全体を簀から剥がして乾燥させると、装飾料紙の出来上がりである。漉き掛けの巧みな技術によって、小さな紙面が大空や大自然に変わる。漉き手の色彩感覚と造形センスによって作り出された紙上の自然は、固有の美である。

書家の名児耶明は、漉き掛けによって作り出された飛雲や打雲などは、すべて平安人の見立てなのだと説く。

漉き掛けでは、簀の上にある紙漉き途上の白の紙液上に、点々と小さな紫色の紙液を載せて漉くと、載せた部分だけ紫色の紙が出来上がる。そこで平安人は、見た目とは逆に、装飾料紙の白い地色の部分を青い空に、紫色の飛雲の部分を雲に見立てた。言われてみると、紫色の飛雲は点々と広がる小さな白い雲（本当は紫）となり、紙全面に広がる青空（本当は白）の中に浮かんで見える。平安人の感性と遊び心が伝わってくる。

漉き掛けの技法は多様だった。紙の上端と下端だけに茜色に染色した紙料液を漉き掛けると、彩雲《さいうん》たなびく打雲ができた。このような技法は中国などから舶載された紙には見られないものであり、いかにも日本的な美の世界だった。

現代によみがえる装飾料紙

漉き掛け技法の中でも、羅文という装飾料紙の作り方はひときわ難しい。羅文紙は、着

紙漉き職人達の挑戦
——越前によみがえる平安の美——

装飾料紙の「打雲」「羅文」「飛雲・羅文」の三つの技法を使ったポスター（部分）。全体の背景は、青い空に白い雲が浮かぶさまを表現した打雲。右は、短く細い紙繊維を用い水面のさざ波を描いた羅文。左は、飛雲の模様を羅文の技法で繊細に表現したもの。越前五箇では、平成30年に催された紙祖神を祀る「岡太神社・大瀧神社」の千三百年大祭を機に、装飾料紙の技術の完全復活を目指している。

（写真提供：福井県和紙工業協同組合）

色した繊維が糸のようによれながら波打つように互いに重なり合い、紙面全体を覆った料紙である。その結果、紙の上に書かれた和歌の文字は羅文の波間から浮かび上がり、あたかも波の上を漂っているかのようにも見える。

　装飾料紙は日本各地の紙生産地で漉かれたが、中でも最も多様さを誇ったのは越前五箇だった。平成三十年（二〇一八）、五箇では紙祖神を祀る地元の「岡太神社・大瀧神社」の千三百年大祭記念行事の一つとして、これまで得意としていた装飾料紙作りをさらに研究し、平安時代に比肩する料紙を作るイベントが行われた。

復元作業では、遺されていた装飾料紙の分析や数少ない研究資料が頼りだった。五箇の紙漉きたちは辛抱強く試し漉きを繰り返し、ついに昔と遜色のない装飾料紙の復元に成功した。美しい青いさざ波の漂う羅文紙や、青い大空の彼方に白い雲が浮かぶ打雲紙など、平安の美が現代によみがえったのである。

3　平家納経の模本作り

模本作りへの道

平家納経の要所要所は漆や金属などを使った工芸芸術でも飾られている。様々な美の要素を総合的に組み合わせて完成させるのが日本芸術の特長である。

平家納経の場合、身贔屓を承知の上で言わせていただくと、貢献の一番は装飾料紙だったが、全体は、大和絵（平安時代の絵巻物に見るような日本風の絵画）や彫金、仮名文字の造形美などが縦横に組み合わされた芸術の集合体だった。ゆえに特別な貴重品扱いされ、有名さのわりに一般公開されることが極めて少なかった。

大正時代の厳島神社の関係者は、支援者や参詣者たちのために平家納経の存在を周知できる何かが欲しいと強く願っていた。美術関係者の間でもかねてから平家納経の保存については危機感があった。両者の意見を基にして摸本作りが考えられた。

実物の模写による模本は考えられる限り最適の保存方法だった。当時、カラー写真はまだ遠い存在だったが、仮に和紙に描かれた日本の美術作品を洋紙に写真印刷したとしても、光の反射具合や作品の質感などが原本とはまったく違ってくるだろう。できることなら日本画などの出版では、洋紙ではなく和紙を使うことが基本であってほしいと思う。

大正九年（一九二〇）、当代きっての茶人として知られた益田鈍翁《どんおう》・高橋箒庵《そうあん》をはじめ神社宮司や古筆研究家の田中親美《しんび》など五人が発起人となり、美術に理解のある人たちから寄付金を集めて平家納経の模本を制作することになった。

鈍翁の自宅で開かれた政財界の美術愛好家が寄り合う席で、厳島神社の宮司が運んできた五巻の平家納経の原本を見せ、出席者たちに寄付を募った。すると驚くことに、わずか二時間余りで予定額の五万円に達した。

平家納経の魅力と日本の資本主義勃興期の勢い、古典への深い教養が当然のように身についていた明治経済人たちが作り上げた、奇跡のような出来事だった。

模本を作った不世出の芸術家

模本の制作は、作品の美の秘密を探る最高の機会だった。

平家納経の模本作りを担ったのは、田中親美（一八七五～一九七五）である。田中は、日本美術研究家、日本画家、書家、料紙制作者で、古筆の第一人者でもある。彼は生涯にわたり、数々の国宝の模写・模造をし続けた人物で、二十歳前から国宝「源氏物語絵巻」の模写に携わり、三十歳前後で国宝「西本願寺本三十六人家集《さんじゅうろくにんかしゅう》」の模本を作った不世出の芸術家である。平家納経の模本作りにおいても、田中をおいて他に依頼できる工芸家は考えられなかったに違いない。

平家納経の模本は、絵や書を写すだけでなく、絢爛豪華な装飾料紙、繊細な金具や銅製の経箱の模造まで、徹底的な再現が目指された。

鳥の子紙の再現

平家納経の模本作りは紙作りから始まった。原本を見た田中は、料紙を雁皮を原料とする鳥の子紙と判断した。鳥の子紙は日本だけで漉かれていた上質紙で、薄くて強く滑らかであり、古くから福井県の越前が産地として知られていた。

田中は、料紙が別々に装飾した二枚の紙を裏表に張り合わせたものであることを見抜き、二枚合わせができるよう特に薄い鳥の子紙を注文した。イメージ通りの薄い紙になるまで四度も漉き直してもらい、その代わり、紙漉き業者の負担を考え、漉いた紙すべてを買い取った。

「美の美」とされた納経の写経文字

完成した装飾料紙に経典を写経することで、平家納経は完成する。原本の写経の文字は、一体どんな能筆の持ち主によるものだったのだろうか。

平家納経をはじめ平安時代の美の世界を長年研究した古筆学者の小松茂美は、平家納経が全体として素晴らしい書風であり、「堂々の筆致」「格調の気高い書」「いいがたい美しさと品格」「全体を統《す》べる品格に息を呑む思い」と表現しつつ、平家納経の写経を「美の美」と称えた。また彼は、平家納経の美を「過差美麗《かさびれい》」（美があふれている）とも表現した。この四字熟語は、厳島神社に経文を納めるにあたって清盛が書いた願文にある四字熟語、「尽善尽美」（善を尽くし、美を尽くす）から生まれたのかもしれない。

平家一門の自筆は六品《ほん》（品＝経典の一つの章・編）あったが、名前を特定できるのは平頼《より》盛《もり》（清盛の異母弟）による提婆品《だいばぼん》の一品のみだった。当時は、専門の能筆者が写経を行うのが普通だった。頼盛はその後の様々な経緯から平氏一門を離れ、名のある平氏としてはただ一人生き延びた。

経典は品ごとに巻物になっていたが、巻いた状態の上に張る金銅製の小さな札に書く題名（題簽《だいせん》）は、高貴で能筆の手によることが不文律だった。平家納経はすみずみまで「尽善尽美」だった。

平家納経の模本の完成

大正十四年（一九二五）、田中親美は、ついに五年がかりで平家納経の模本を完成させた。「全三十三巻、経箱一合」が五組制作され、最初に作られた一組は厳島神社に納められた。同年十一月、現在の東京国立博物館の一部である表慶館《ひょうけい》で、平家納経の模本完成を記念して原本と複製本との対照展が開かれた。

会場を訪れた田中と親しい美術学校長は彼の肩を叩き、「三十三巻とは実に偉い仕事をした」と称えた。田中は「六十六巻と言ってくださいよ。表だけなら三十三巻だが普通の絵巻ならともかく、この経典には全巻で表に勝る壮麗な仕掛けが裏にあるから六十六巻です」と言い、互いに大笑いしたという。

田中が百年の生涯の中で模写した古画・古筆の作品は、実に三千点以上に上るとされ、その内容は、絵巻・荘厳経・古筆から仏画・琳派にまで及ぶ。彼は、平安朝美術の復元・鑑識・普及に努め、巨大な足跡を残した。

4　善を尽くし、美を尽くした平家納経

「平家納経一具」の献納

長寛《ちょうかん》二年（一一六四）九月、清盛が願主となった平家納経は平家の氏社、厳島神社に献納された。平家納経は全体を平家納経一具《いちぐ》と呼び、本体である経文は一巻ずつ巻物となって箱に納められている。経典は全部で三十三巻あり、清盛が納経の趣旨を述べた願文が冒頭にある。

願文によれば、この世で頂点を極めた一族の来世での救いを願い、仏との結縁《けちえん》を祈った。そのため、納める経典は仏のいる浄土の色、すなわちこの世にはないような極彩色に飾られなければならない。仏に自分たち一門の願いを届けるには、どうしても尽善尽美が必要だったのである。

巻物の縦は二十五センチ前後で、横は一枚五十センチほどの紙を経典の長さに応じて継ぎ足した。三十三巻すべてをつなぐと、長さは百メートルを超える。質・量ともに空前絶後の巻物であり、当時の日本の作りうる最上の巻物であり最高の美の結晶だった。

平家納経全三十三巻は、あらゆる細部にまで装飾にあふれていた。中心となる本経の法華経は二十八の品《ほん》（章）からなる。各品は一本ずつ巻物になっていて、品の名前を書いた金銅製の札が付いている。他にも巻物を巻いて縛る紐、紐の先に付けられた小さな金具や巻物の軸など、巻ごとに贅を凝らし、一つとして同じものはない。

平家納経の荘厳の特長は、巻物の裏にも表に負けないきらびやかな装飾が施されていることだった。平家納経は表の他に裏もあるから、模本制作は六十六巻分だったことになる。紐をほどき巻物を開くと、平安貴族の美意識の極致が広がり、西方浄土が現れる。表紙に続いて本体とも言うべき経絵《きょうえ》と経文が展開する。

清盛が「尽善尽美」の四文字に込めた思い通り、平家納経は関わった平安の人たちの美を尽くし、善を尽くそうとした努力に満ちあふれていた。

西方浄土を描いた経絵

平家納経の美で最も目を引くのは、表紙や見返しや紙背などを埋める圧倒的な絵画の世界（経絵）である。平家納経の経絵は数が多いので、絵師一門で手分けして描いた。

平家納経の経絵の主題は、法華経に登場する仏たちの姿、経文内容にある説話を絵解きしたもの、経文の意味を寓話にして描いたもの、想像した浄土の様子などである。ほかにも、装飾のための亀甲文・唐草文の図柄などが随所に描かれている。

平家納経は荘厳経だった。平安時代、特に重要な経典には様々な飾りを施し、荘厳経と呼ばれた。経典の仏の周りにはあふれるような美の世界が広がり、人々は極楽浄土に導かれる……。平家納経からは西方浄土を再現しようとした清盛のひたむきさが伝わってくる。

平家納経の厳島神社への奉納から約二十年後の元暦《げんりゃく》二年（一一八五）三月二十四日、西方浄土を夢見た平家一門は瀬戸内海のはるか西の果ての壇ノ浦にまで追い詰められ、波間に沈んだ。

古今東西、権力の興隆と滅亡は至るところで繰り返されている。「驕る平家久しからず」は世界史から見ると当たり前のことであり、平氏の興亡は人類の歴史の一瞬の瞬きだった。

しかし、「平家納経」は厳島神社の一部として平成八年（一九九六）にユネスコの世界文化遺産に指定され、以前にも増して立派な肩書で平家一門の西方浄土への往生を祈り続けることとなった。

歴史に埋もれ消えていった無数の権力者たちの中で、清盛は平家納経という無二の作品を作ることで、世界に平氏の名を残した。装飾料紙は平氏一族を浄土に導く難しい使命を果たしたのかもしれない。

第六章

雪舟の水墨画と日本人の心

1　雪舟と紙の本質

日本人の精神に影響を与えた侘び、寂び

奈良の聖武帝の文明開化の原動力は仏教だったが、鎌倉時代に伝えられた仏教は内容が少しばかり違った。鎌倉新仏教は禅宗であり、そこには平家納経が見せたような過差美麗はなかった。支配者は貴族から武士に移り、政治も芸術も建築様式も大きく変化した。華やかな宮廷に代わって日本文化を生み出す舞台となったのは、侘《わ》び寂《さ》びの茶道や生け花、能などであった。

聖武帝時代の仏教による一回目の文明開化ほど大規模ではなかったが、鎌倉時代の文明開化も仏教が主導する新時代の到来だった。二つの文明開化はともにのちの歴史に影響を与えたが、侘び寂びや、間と余白の美を楽しむといった日本人の精神構造への影響としては、二回目の文明開化によるものが大きいかもしれない。

中国からやってきた水墨画

中国大陸の宋が南北に分裂した十二世紀、戦乱を逃れた大勢の禅僧たちが海を渡り日本にやってきた。彼ら禅僧が携えてきた水墨画は、華美なものではなく、武家が支配する社会にふさわしいものとして世に広く受け入れられた。

水墨画はそれまでの絵画に比べて圧倒的に色彩が少なく、紙に滲んでできる墨の様子が鑑賞の対象とされた。また、紙の余白にも大きな意味が込められた。水墨画は紙として働き甲斐のある場所だった。

日本の絵画を歴史的に見ると、何といっても第一人者は水墨画の雪舟である。「四季山水図」をはじめ六点もの作品が国宝に指定されるなど、日本絵画史上、類を見ない画家である。ただ、その作品数は少なく、偽物も多い。江戸時代には堂々と雪舟専門の偽作家を名乗る絵師までいたほどである。

水墨画は難解という印象が強く、とかく敬遠されがちである。だがそれでは中国から禅文化を受け入れた日本人の精神が理解できないままになり、せっかくの紙の働き場所を見てもらえないのも残念である。

例えば、雪舟の水墨画はどんな紙をどのように使っていたのだろうか、など紙の面から考えると、興味を引かれないだろうか。水墨画での紙の姿を見ていくと、日本人の精神のありようも見えてくるのである。

雪舟作「四季山水図」の原本・複製の同時展示

山口県防府市の毛利博物館は雪舟の代表作の一つ、国宝「四季山水図」（山水長巻《ちょうかん》）を所蔵している。

山水図は縦四十センチ、横十六メートルもある長い巻物状の水墨画である。そこには題名の通り、四季を通した山水とそこに暮らす人間たちの姿がある。全体を通して、昔ながらの日本の山河を巡り懐かしい日本人たちに会っているようで、見飽きることがない。描かれてから数百年が経ち全体に古びてはいるが、保存状態は良く画面も鮮明である。

毛利博物館では以前、雪舟の国宝「四季山水図」とその複製（精巧にデジタル印刷したもの）を上下二段に並べて展示したことがある。秋の一時期、原本の曝涼《ばくりょう》（虫干し）をかねての展示だった。

二〇一三年の作というその複製作品は、雪舟専門の美術研究者であっても複製とは気づけないほど細部に至るまで原本と違わず、用紙も原本と同一を目指し特別に作られたものだった。

とはいえ、どれだけコピー技術が優れていても、もしパルプが原料の印刷用紙を使っていたら、およそ本物感は出ないはずである。博物館の展示は用紙が作品の命の一部であることを知らしめてくれる貴重な機会だった。

しかし、実は、複製の四季山水図をよくよく見ると、原本とは寸法が少し違っていた。複製の方が横が何センチか短いのである。完璧なコピー作品を目指して複写されたこともあり、複製時点では何から何まで同じだったはずである。

サイズを変化させた犯人は、防府市の空気だった。時間の経過とともに、複製作品の用紙が大きく変化したのである。雪舟は十五世紀の人であり、原本誕生から六百年が経っている。一方、複製は作られてから日が浅く、紙に変化する余地があった。この複製の微妙な変化は、原本と並んだ状態で比べたからわかったことである。

なお、余計な願望かもしれないが、白色を基本とする紙の立場としては、複製時にデジタル処理をする際、画面補正をして制作当時の状態を再現した摸本があったら面白い。そうすることで、今では古びて見えなくなった描写が見えるなど、何かしらの発見があるかもしれない。

美術書などに載っている水墨画の名品は、おしなべて画面全体がいかにも古色蒼然としている。何も描かれていないはずの余白部分が古びていると、画面の印象は描かれた当時とは随分と違っているはずである。

真・複を並べた秋の毛利博物館は、美術界のタブーの功罪についていろいろと考えさせてくれる。

雪舟が使った紙

国宝級の絵画は、修理の際などでなければ、その画材や構造等の本格調査はできない。毛利博物館所蔵の「四季山水図」は、平成の大掛かりな修理の際に紙の切れ端の繊維分析が行われ、使われた紙は和紙ではなく、竹や藁などを材料とする中国製の紙だとわかった。

平安時代までの日本絵画では和紙が使われた。しかし、鎌倉時代に入り中国から水墨画が入ってくると、日本で日本人が描く場合でも中国産の紙を使うのが普通となった。

中国で紙漉き材料として竹を使うようになったのは、原料の供給状況と関係している。二世紀初頭の後漢時代、蔡倫が発明した書写用の紙の原料は麻などだったが、のちに楮や藤蔓《ふじづる》などが使われた。しかし、社会の発展に伴い紙の需要が増大し、原料の楮や藤などが枯渇した。

幸い長江流域から江南一帯まで竹が豊富にあり、七世紀の唐の時代になると、竹や藁を紙の主原料にすることが一般的になった。竹の繊維を使って漉いた紙も、古来からの紙と同様、墨の滲み具合などが水墨画用としてふさわしかった。

紙は絵師の分身

中国は紙漉き発祥の地であり、紙の種類・質・量とも他国に先んじた。源氏物語に「唐の紙はもろくて」とあるのは中国が竹紙を作り始めた頃のことで、楮を使った和紙に比べると確かに弱かったのかもしれない。

日本の水墨画の師は、中国人画僧である。大陸に渡って水墨画の修業をした日本人画僧たちも当然のように中国産の紙を使った。雪舟も同様である。

水墨画は墨だけを使う。墨を載せない面積も多い水墨画では紙が特別な役割を負った。絵画用の紙は、即物的に書写材や支持体などといわれるが、水墨画の場合、墨の紙への滲み具合は変化に富み、紙自体が大事な表現手段である。水墨画にとって、紙は単なる支持体などではなく、絵師の描き方に応じて縦横に持てる力を発揮する絵師の心の分身なのである。大天才である雪舟は紙の本質を十分に見定めることで数々の名作を生んだ。

和紙をテーマとする本書で、中国製の紙を使う水墨画や雪舟を語るのはお門違いと思われるかもしれない。しかし、雪舟作品にある空白や滲みは雪舟だからこそ見つけられた紙の本質である。雪舟を知ることは、産地や種類を超えて紙というものを知る大事な機会なのである。

2　水墨画における紙

雪舟の歩み

雪舟が生まれた応永二十七年（一四二〇）は、室町時代の中頃にあたる。生まれは備中岡山、今の岡山県総社《そうじゃ》市である。彼は幼少の頃から画才に恵まれていた。しかし、雪舟が十歳前後に寺の小僧をしていた時、廊下に「足の指で描いたねずみ」が周りを驚かせるほど優れていたというのは、のちに狩野派の画論『本朝画史』に紹介された逸話で、真偽のほどはわからない。

十一歳か十二歳の頃、絵の好きな小僧は京都五山の中でも格式の高い相国寺《しょうこくじ》に移り、禅と画の修業を積む機会に恵まれた。当時の相国寺は今でいう学術総合大学のような所だった。

雪舟は四十歳以前に京都を去り、西国の有力大名である大内教弘《おおうちのりひろ》の下に身を寄せていた。やがて彼は大内氏の仕立てた遣明船で明に渡るチャンスを手にする。すでに四十八歳になり中央画壇にもいない画僧にそのような機会が訪れるのは稀有なことだった。

当時の中国大陸との往還は命がけである。その頃の五十歳近い年齢は老境といってもよく、雪舟は並々ならぬ決意を持って海を渡ったに違いない。

水墨画の誕生とその技法

七世紀初頭の中国・唐の時代、シルクロードを西に向かった駱駝《らくだ》たちは、東に戻る時に西のインドやペルシャから多くの文物を運んできた。その一つに彩色画と呼ばれる絵があった。

彩色画で使われていた技法である凹凸法《おうとつ》（色絵具で隈取をして立体感や量感をつける方法）を、中国人が墨を使って表現しようとしたところから、中国の新しい絵画・水墨画が始まった。仏教もそうだったが、新しい外来文化の受け入れに熱心なのは中国人の伝統的な姿勢であり、自国に取り入れた文化を様々に役立たせながら歴史を積み重ねたのである。

一方で、中国は東西文化の巨大ターミナルの役目も果たした。大陸の東にある島国日本は、東の終着点だった。四季に富み湿気も高い日本の風土は、流れくる文化を土着の酵母で発酵させ、それにより深みを増した独自の味や香りを楽しむのが得意な国だった。日本の水墨画も、そのようにして生まれた文化の一つだった。

それにしても、西域から輸入された彩色画に対して単色の墨だけでどうして画が描けるのか……水墨画への素朴な疑問である。

水墨画研究で知られる美術史家の島尾新《あらた》は「中国人は水墨を発見したことで水墨画を可能にした」と言う。島尾によると、「水墨とは紙の上で墨が見せる状態で、濃淡の肌理《きめ》が無限に細かく、水墨画には白黒写真のようなリアリティがある。さらに墨一色は総天然色にはない魅力もあり、色絵具がなくても水墨で立派に絵画を描くことができた」のである。

水墨には二つの基本的な技法がある。「破墨《はぼく》」という技法では、最初に紙に載せた淡い墨が乾かない間に、その上から濃い墨を載せると、立体感のある画ができる。もう一つの「潑墨《はつぼく》」の技法では、画面に墨をはね散らすように描いて形象を表現した。破墨や潑墨により表現されたものを「水暈墨章《すいうんぼくしょう》」(水で暈《くま》どり墨で章《あや》どる)と呼び、水墨画はそのよし悪しで評価される。

紙は水墨画の表現に非常に大きな役割を受け持つわけで、水墨画の技法に反応して自らの本性を見せることになる。紙にとって、厳しくも晴れがましい場である。

江戸中期の伊藤若冲《じゃくちゅう》も、墨が紙に浸み込む時の性質に着目し、独自の水墨技法を開発した天才絵師の一人である。

彼の技法は筋目描きと呼ばれ、のちに若冲の名を世界に響かせることとなる。しかし、若冲を研究する景山由美子によると、若冲作品で使われた紙の繊維は和紙では見られない藁と青檀の樹皮を使った、中国の宣紙と思われる紙だった。

雪舟や若冲に限らず、江戸時代までの絵師たちは、本格的な作品を創作する場合は、残念ながら和紙ではなく中国の紙を使うと決まっていたのである。江戸時代を通して最大の絵師派閥だった狩野派でも、和紙は修業の際に使う紙だった。

では、日本の水墨画の絵師たちは、中国の水墨画を手本とし、中国産の紙を使って、どのようにして日本人の心に響くような画を描くようになったのか。その経緯をたどると、日本の水墨画の特質、ひいては日本人の心の在り方までが浮かび上がってくるのである。

3　日本人は水墨画の余白に心を巡らせた

南宋画の余白

鎌倉室町時代の日本に水墨画を広めたのは十三世紀、宋末の頃に大陸からやってきた禅僧たちだった。この禅僧たち故国は、北宋（九六〇～一一二七）と南宋（一一二七～一二七九）に分かれるが、水墨画も北宋画と南宋画という二つの作風があった。

北宋画はすみずみまで描き込みがあり、色彩にも富む。一方、南宋画は余白が多く、色が少ない。しかし、南宋画では墨の滲んでない白いままの所も重要な意味を持っていた。この余白部分は紙の独擅場であり、紙としてはぜひ画における余白の意味を考えていただきたいのである。

先述の島尾は余白について、「水墨画の中では水墨の部分とそうでない所に境目などは存在しないのであり、紙の中に画がある。余白と呼ばれるものは描かれてないところではなくて、あえて定義するならば墨と紙との関係なのである」と言う。水墨画で使われる紙の働きぶりを認めていただいたようであり誇らしい限りである。

「余白」という日本文化

日本文化を研究する松岡正剛は「北宋画と南宋画の二つの中で、日本人は南宋の水墨画を好んだ」として、両者の画風の違いに注目する。

「北宋画では濃い墨を使って強い線を描き絵具には緑青や群青や金泥を使った。それに対して南宋画（南画）は点景山水であり、画中の人物にも意を注いだ。風景を省略し余白を強調する」

点景山水とは画面の山水に添うように描かれている人物のことで、南画の基本的な構図である。さらに松岡は言う。

「日本人は山河に多くの余白を作り省略し、引き算・マイナスして描いた。描かれた水墨画は日本的なものとなり、後の芭蕉や蕪村の俳諧にも通じる世界となった」

松岡の指摘する日本人の心情と水墨画との関係は、大変興味深い。日本人は画の中にマイナス部分・余白を感じ、それを楽しんでいたのかもしれない。そのことを示唆するような作品として、十二世紀中頃〜十三世紀中頃の国宝「鳥獣人物戯画」がある。

そこでは白い和紙の上を、うさぎと蛙が思う存分に遊び回っている。背景はまばらに草木があるだけで、これ以上簡潔にしようがないほど省略されている。しかし、うさぎと蛙の背景に広がる紙面をじっと見ていると、ほとんど何もない白い部分＝余白は草木が豊かに生い茂る野山となり、画面全体が自然そのものに見えてくる。

鳥獣人物戯画が描かれたのは中国から日本に水墨画が入ってきた頃と同時期である。もしかすると、仏教関係者と推定されている戯画の作者たちは、中国から来た水墨画を見ていたのかもしれない。

本来、紙は草木から取り出した繊維を平らに並べ直した自然そのものである。紙が作る余白でうさぎや蛙が嬉々として遊んでいて何ら不思議はない。そして鳥獣人物戯画は松岡の考える「雪舟の水墨画の中のマイナスした部分（余白）やそれに通じる芭蕉や蕪村の俳諧の世界」にも似ている。

真に恐れ多いことながら、鳥獣戯画の中で踊っていたうさぎや蛙は、芭蕉や蕪村の姿でもあるのではないだろうか。

雪舟画における日本の自然、日本人の心

雪舟は北宋画にも南宋画にも優れていた。修業先の明で請われ描いた北宋画は中国の役人に激賞され、外国人を接遇する場所に飾られたほどだった。

彼は帰国すると余白の多い南宋画を描く水墨画家となったが、雪舟は中国の水墨画の模倣や中国風の山水を描いたのではなく、南宋画形式の中に日本の自然を描き、日本人の心を捉えようとした。

松岡正剛は南宋画が日本人に好まれた理由として、余白・マイナス部分の存在に着目し、それは俳諧の世界にも通じる、とした。とすれば、そこには「日本人の心」があるといえるだろう。

日本人独自の南宋画を極めた雪舟の作品には、見る人の心を包む込む優しさがある。国宝「四季山水図」の野山は懐かしく、点々と描かれた人物たちに思わず声をかけたくなるほどである。そして、中国の南宋画に点景として描かれる人物が仙人や世捨て人なのとは

明らかに違っている。

雪舟の水墨画には、人物が描かれずに山や川だけの名作も多い。しかし、その山は一見、厳しくそびえ立っているだけのようにも思えるが、どこかに芽吹く草木が隠されているようでもある。

第三章で述べたように、天台宗の僧・安然は平安時代に「草木国土悉皆成仏」(草木は有情であり、仏の国・浄土に成仏できる) と唱え、日本人に安寧を与えた。この言葉は、自然崇拝の神道と仏教をともに受け入れた日本人独自の精神世界を見事に言い表していた。こうした精神世界は、見た目には同じように余白の多い中国人の南宋画には見られないことだった。

雪舟の水墨画の作り出した余白は、草木も成仏する精神世界を持つ日本人にとって心穏やかになるものであり、それゆえに雪舟作品は後世まで広く受け入れられたのではないだろうか。

和紙の「滲み」

時代のせいではあるものの、雪舟や若冲のような日本を代表する絵師たちが中国製の紙しか使わなかったのは、和紙として残念なことだった。当然ながら、和紙にも滲みがあり、水墨現象も起こる。

書家で文房四宝の研究者である日野楠雄は、中国と日本の現代に作られた手漉き紙を用い、紙の滲み具合を調査した。紙の産地と種類、使用する水や墨の質など、いくつもの比較項目を設けた。

調査の結果、中国の紙の場合とは違うものの、和紙も産地ごとに特色のある美しい滲みを作り出すことがわかった。滲みの濃淡、墨色の発色具合、墨を重ねた時の筋目の現れ方など、その多様さは想像以上で、それぞれが美しかった。日野は調査結果を通して、昔の絵師たちに和紙が生かされなかったことは日本人の創作活動にとって大きな損失だったのではないかと考えている。

美濃紙
水はエビアンを使用

月山紙
水はコントレックスを使用

備中紙
水は森の水だよりを使用

和紙は産地や使う水により多様な滲みが生まれることがわかった。中国産の紙に勝るとも劣らないと思われる。

（写真は、和紙文化研究会誌『和紙文化研究 17号』「墨色の変化」より）

4　ドラッカーが愛した日本の水墨画

社会によって異なる余白の意味

余白の意味を色彩学の視点から捉えた研究がある。

色彩学者の小町谷《こまちや》朝生《あさお》は、描かれていない空白領域も絵画として同レベルで視覚に訴える場所であり、人間の余白の受け止め方は、属している社会の文化によって異なるという。

小町谷の考えを私なりに捉えると、日本人は素地（紙面）に描かれているものと周囲の空間（白地）とを関連させる。つまり、日本人にとって白地は前景（中心になる題材など）と一体のものであり、前景と関連し合って新しい効果を生むものなのである。西洋美術の考えではキャンバスの空白は剥き出しの支持体（単に絵具を載せるもの。基底材）に過ぎず、本来は死白として視界から消し去らなければならないものである。

しかし、日本の水墨画の作風が日本人にしか理解できないのだとしたら淋しい。雪舟が命懸けで海を渡って確立した日本の水墨画は、世界中の多くの人に見てもらってよいはずである。

ドラッカー、英国の画廊で日本の水墨画に出会う

実は世界各地に日本の水墨画を愛してくれる人が大勢いて、ヨーロッパやアメリカの個人や美術館は膨大な数の日本の水墨画コレクションを所有している。

経営学者のP・H・ドラッカー（一九〇九～二〇〇五）は日本の水墨画に深く心を寄せた欧米人の一人である。彼の日本の水墨画コレクションの充実ぶりは世界でも類を見ない。ドラッカーは二十世紀初めにオーストリアのウィーンで生まれた。当時のドイツはファシズム台頭の最中だった。彼が出版した処女作はユダヤ人の法哲学者の業績を評価したもので、出版後直ちにナチス・ドイツの当局から廃棄処分にされた。

身の危険を悟った彼は一九三三年にイギリスに脱出する。そしてロンドンで銀行員やジャーナリストとして活動を再開し、四年後にはアメリカに渡り経営学の研究者として大成した。以降、二十一世紀に至る長い年月を通し、彼は知の巨人として世界をリードすることになる。

一方で、彼は日本美術の愛好家というもう一つの顔を持っていた。彼の水墨画を中心とする日本美術への好奇心と深い知識は、世界的な経営学者という表の顔に引けを取らない。アメリカの大学で長年にわたり日本画を解説する講座を持ち、「日本美術を通じて見た日本

観〜長年の耽溺の告白」などの講義を続けたほどである。ドラッカーを日本の水墨画に引き寄せたものは何だったのだろうか。

彼が語ったところによると、ロンドンの銀行で働いていた一九三四年六月七日の午後二時頃、雨やどりのつもりでピカデリー通りの展覧会場に入った。それはイギリス最初の日本画大展覧会で、彼は展示された日本の水墨画に出会った時に「心をわしづかみにされ」、「二時間後に会場を出たが陶酔状態だった」という。

アメリカに渡った彼はワシントンＤＣに住み、太平洋戦争中も敵国日本の絵画を訪ね歩くことをやめなかった。市内にあったフリーア美術館は東洋美術の世界的権威であり、有名作品を数多く収蔵していることで名高い。彼の日本の水墨画に対する彼の深い愛情と知識は、フリーア美術館での鑑賞経験の中で培われた。

彼の伝記をめぐって、一つ不思議なことがある。後年、有名になった彼の伝記を作るべく何人もの手によって過去のあらゆる事績が調べられた。しかし、一九三四年にロンドンで彼が見たという展覧会はいくら調べても見当たらない。この展覧会で出会った日本の水墨画が彼の人生にひとかたならぬ影響を与えたというのに、である。

彼の見たロンドンの展覧会とは本当に開かれていたのか。あるいは、その頃ロンドンにいたナチスに怯える一人の若い青年が何かの幻を見たのだろうか。

ドラッカーの日本の水墨画コレクションの始まり

一九五九年、ドラッカーは世界的に高名な経営学者としてついに憧れの地・日本を踏んだ。京都での講演の傍ら、京都の古美術店で如水宗淵《にょすいそうえん》と雲渓永怡《うんけいえいい》の水墨画を手に入れたのが彼のコレクションの始まりで、ロンドンで初めて日本の水墨画に接してから三十数年もの年月が経っていた。

宗淵は雪舟の愛弟子で、師の元を去る際、のちに国宝となる「破墨山水図」を贈られた。もう一人の永怡は、生没年不明で有名とは言えないが、雪舟の孫弟子とされている。室町時代の水墨画への造詣が深く、雪舟に特別な想いを寄せていた彼ならではのスタートだった。

日本画における日本人の空間認識

ドラッカーにとって日本の水墨山水画は、画家の魂を通して描かれた日本の大自然の風物詩だった。彼は言う。「根底には動植物や岩石をはじめ、宇宙を支配する超自然の力に対する日本人の信仰がある。描かれた山川草木は目に見えない日本の魂の風景であった。日本の山水画の根底には動植物や岩石をはじめ、宇宙を支配する超自然の力に対する日本人の信仰がある」

また、ドラッカーは、日本の水墨画は空白の多さこそがポイントであるとし、日本人の空間認識に着目する。「西洋絵画は線の遠近法を用いるものであり、中国の絵画は均衡を重んじた。それに対して日本の画家は空間を見てから線を描き始める。つまり描こうとする対象を見る時に、各部分の構造を見るのではなく全体的な形態を見る。すなわち空間のデザインを見る」。日本人にとって、画面の白地は空間デザインの一部なのである。

彼は日本人が全体をデザイン化して見ることを可能にしているのは、日本人独特の知覚力だと考えた。その知覚力によって描かれた絵画は、「日本という風土と伝統の中から生まれた経験によって創られる世界」なのであった。

一九三四年のロンドンの日本画展覧会で、ナチスに追われていた青年の目に飛び込み彼の「心をわしづかみ」にしたものとは、日本画のデザインされた空間＝人の心を包み込む自然の存在であり、そのような空間を提供できるのは、日本画しかない。

ドラッカーが見たという日本画展覧会は決して幻ではなく、伝記作家たちが資料を見つけられなかったのだと、思うほかない。

第七章

和紙の蝶番が拓いた屏風芸術

1　琳派の屛風と和紙

日本美術史に燦然と輝く琳派

琳派の琳には、美しい玉という意味がある。桃山時代・江戸初期の本阿弥光悦と俵屋宗《たわらやそう》達《たつ》が創始し、江戸中期の尾形光琳《おがたこうりん》らが発展させた琳派（宗達光琳派）は、日本美術史上に文字通り光かがやく玉のような名品の数々を残した。光悦、宗達、光琳はみな、京都の人である。

琳派は、狩野派や土佐派などのように家筋によって受け継がれる集団ではなかった。日本美術史の中では珍しく近代的な流派である。

琳派という呼び名は、昭和四十七年（一九七三）に東京国立博物館で開かれた展覧会のタイトル「琳派」から生まれたとされている。大和絵を土台とする琳派作品は、しばしば装飾的・工芸的などの言葉で形容されるが、そこには芸術としては少々軽い、というニュアンスも込められていると思うのは、考えすぎだろうか。

しかし、琳派作品は見た目の豪華さや派手さという印象論を超えて、日本文化の奥深くに流れるものをしっかり内包している。派手さは、長く続いた下剋上と戦乱から解放された人々の歓喜の爆発ゆえである。彼らの自由闊達さは次々と新しいアイデアを生み、従来にはない日本芸術を生み出した。

琳派は屏風を愛し、屏風は和紙を愛した

琳派芸術についてはこれまで多くの研究がなされてきたが、和紙という観点から言及されたことはないようにも思われる。

和紙の立場として特筆したいのは、琳派芸術の中で大きな位置を占める屏風という表現形式のことである。黒子としての和紙の働きぶりや、和紙と作品性の関係は実に興味深い。和紙の働きを知らずして琳派を知ることはできない。

琳派の時代、屏風の表面に張られ画材として晴れがましい役を果たすのは、絹布や中国産の紙が多かった。和紙が画材として使われたのは少数派かもしれない。しかし、日本の屏風という表現形式を成立させるには、多様な性質を持つ幾種類もの和紙が不可欠だった。といっても、屏風の表面から見えない下張りであることが多く、和紙はあくまで黒子だった。

屏風の原型となるものは中国・漢の時代に風除けの道具として生まれ、朝鮮半島を経由

して七世紀に日本に伝わったとされるが、やがて日本は和紙を使って独自の屏風を作り出すようになる。

屏風は奈良時代から現代まで続く、日本絵画が得意とする表現形式であり、屏風における和紙の存在は、日本美術に独創性を与えた他国にはない武器だった。

桃山百双の世界

桃山百双という琳派の屏風を表す言葉も、琳派と同様、現代の造語である。平成九年（一九九七）に東京六本木のサントリー美術館が琳派の屏風の展覧会を開いた時に、作品の素晴らしさを表して使われた。二度の展覧会で造語されたように、琳派作品はいつも斬新な何かを与えてくれる。

屏風の基本形態として、屏風の折りたたんだ面（扇《せん》）を数える単位を「曲《きょく》」といい、屏風全体を数える単位を「隻《せき》」という。例えば「二曲一隻」は、二つ折りからなる一つの屏風を指す。また、対《つい》になっている屏風を「双《そう》」という。例えば、「六曲一双」は六つ折りからなる屏風が、左右に二つ並んでいることを指す。したがって、桃山百双とは、桃山時代のあまたの（百対《ひゃくつい》もの琳派の）屏風、といった意味の言葉である。桃山百双という語からは、天下無双という四字熟語さえ連想され、琳派の優れた屏風たちがひしめき合うさまが目に浮かぶ。

桃山百双の代表格としては、まずは俵屋宗達の「風神雷神図屏風」。次に、宗達をお手本にした尾形光琳の「風神雷神図屏風」と、その屏風の裏に描かれた酒井抱一《さかいほういつ》の「夏秋草《なつあきくさ》図《ず》屏風」があり、それぞれ高名である。宗達の「風神雷神図屏風」は国宝、光琳・抱一の作は表裏とも国の重要文化財となっている。

また、海外の美術館には、もし日本にあったら国宝指定されたに違いない屏風がいくつも収蔵されている。屏風という表現形式は日本に限らず、世界の人々を魅了していることがわかる。

2　屏風の作り出す美の世界

屏風は表と裏で一つの芸術

狩野派のひたすら手本を模写する粉本《ふんぽん》主義は、歴史に忠実な修業だが、何かとやり玉に挙げられる。しかし、世界中のどこでも、尊敬する師の作品を模写することは修業の基本である。光琳が尊敬する琳派の先輩・宗達の「風神雷神図屏風」を模写して、自らも同作を描いたのはもっともなことだった。

琳派の面目躍如たるところは、宗達の作品を模写した光琳の「風神雷神図屏風」の裏面に、光琳を尊敬する江戸の酒井抱一が「夏秋草図屏風」を描いたことである。

西洋絵画の模写では、いくら尊敬があったとしても、先輩の画の裏に自分の絵を描くようなことはまずない。いや、壁に描くフレスコや麻布の油絵を使う西洋美術では、そんなことは物理的にも不可能である。日本の屏風という表現形式は西洋美術の世界では思いもつかないようなことを可能にした。

また、抱一の「夏秋草図屏風」は、単に光琳の屏風裏に画を描いたのではない。抱一は、光琳屏風の風神の図柄の裏にあたる場所に、風神の吹き出す強い風に翻弄される秋草を描き、表の雷神画の裏にあたる場所に、雷神が降らせた驟雨《しゅうう》に濡れる夏草を描いた。屏風の表と裏で天地がつながり完結するという、大地の物語を描いてみせたのである。

光琳の描く天上界は、熱気と力にあふれる金地である。一方、抱一は、地上界を涼しげな銀地にして描いた。二つの画面は主題といい色使いといい、相互に干渉し合いながら緊張を高め合う存在となっている。

風神雷神の思想は古代のギリシャやインドにもあったというが、琳派の絵師たちは、裏表がある屏風という形式を巧みに使い、日本人の自然観を下敷きにして独創的な美の世界を作り出したのである。

画が変化する屏風という構造

屏風は、真っ平な平面として鑑賞するだけのものではない。屏風の折り目を曲げると、その角度によって絵の表情は様々に変化する。屏風は前にも後にも折り曲げることができ、それでいて隣り合う扇《せん》と扇にはほとんど隙間ができず、細い折り目があるといった程度にしか見えないのである。折り目があるはずの画が一続きに見えるという屏風の構造は、まるで手品の仕掛けのようである。

屏風絵の変化の極意は、桃山琳派より少し前の絵師である長谷川等伯《とうはく》の代表作「松林図《しょうりんず》屏風」に見ることができる。

「松林図屏風」では、屏風の曲がり具合によって、朦朧とした画面のここかしこに描かれている松同士の関係が微妙に変わる。それは、互いに関わり合いながら人生を生きる人々の姿のようにも見えてくる。屏風形式にすることで、等伯の絵の主題が浮かび上がるのである。

「松林図屏風」はもともと襖絵として描かれ、のちに屏風に仕立て直されたと考えられている。屏風仕立てにすることが等伯自身の考えだったかは不明だが、日本美術史でもこれほどに興味深い作為はない。屏風という表現形式は作品に新しい価値を加えたのであり、世界でも類を見ない日本絵画の面白さである。

3　屏風を下支えする和紙たち

屏風の内部と和紙

屏風作品についてはこれまで無数に論じられてきたに違いないが、屏風の中の和紙については表立って取り上げられたことはない。しかし、日本の屏風という稀有な表現形式を可能にした一番の秘密は、表面からは見えない所にある和紙でできた小さな部品、「紙蝶番《かみちょうばん》」だった。

紙蝶番とは何か、和紙はどのように役立ったのかを知るために、まずは屏風の内部に立ち入って見ていただきたい。

屏風作りはまず、細い木で屏風の四方の外枠を作り、その内側に障子のような格子状の

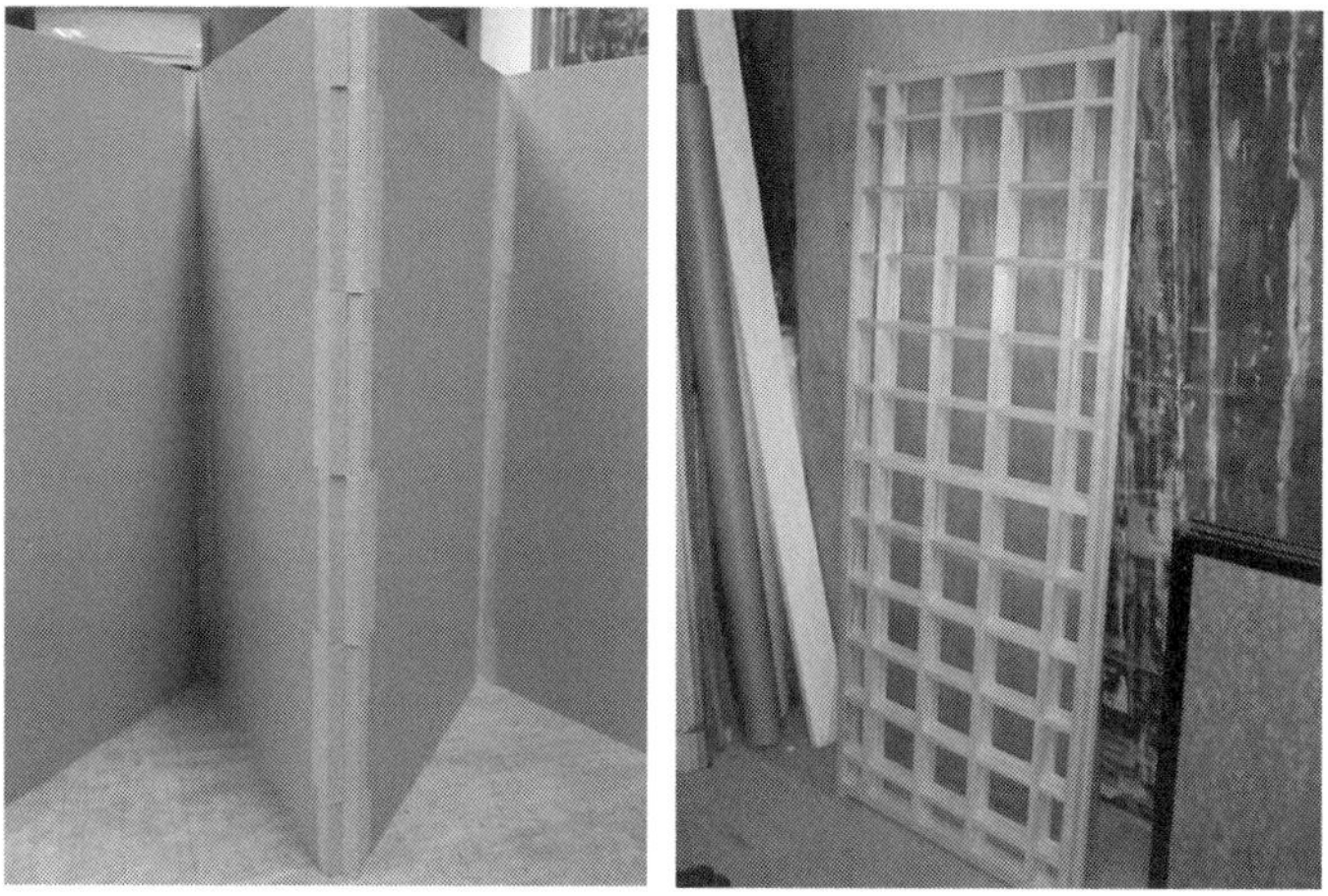

屏風は見えない所に和紙の働きがある。(右)屏風は障子のような木枠に和紙を張って作る。(左)屏風の折り目に紙蝶番が使われている。

(写真提供：㈲アイディ・タナカ、㈱田中表具店)

木枠（骨《ほね》）をつけて補強する。こうして作った平らな函（扇《せん》）に下張り用の和紙を張るが、この下張りで一番肝要なのは、扇の表面をいかに平らにするか、である。

そこは絵師が描いた画を張り付ける最も重要な場所である。屏風の画面は、たたんだ時に画の表面に盛り上がっている胡粉《ごふん》などが擦れないよう、周囲より少し低くする。画面が夏の湿気で波打ったり冬の乾燥でひび割れたりせず、常に平らな面を保つのは、至難の業である。

平らな扇に下張りをしたのち、その上に胴張り・蓑《みの》張り・上《うわ》張りなど種類の異なる和紙を数層張り合わせるのが標準パターンである。

胴張りには楮の泥間似合紙《どろまにあいがみ》が使われる。泥間似合紙は漉く時に泥を混ぜることで、光や空気を通さない。また、泥は弱アルカリ性なので、骨（格子状の木）から脂分が出るのを緩和し、画面の損傷を防ぐ。そのほか、何層にも張られる紙は湿気調節や伸縮力分散の役を果たす。

屏風は、何層もの紙を張り付けた平たい扇を、複数つなぎ合わせて折りたたみ可能にした上、一年を通して寸分の狂いもない。屏風は夏の多湿と冬の乾燥を繰り返す日本の気候を考えた驚くほど精密な装置である。それは、古来日本の経師《きょうじ》（表具師《ひょうぐし》、装潢師《そうこうし》）たちが積み重ねてきた驚くべき知恵の集大成だった。

日本の屏風の最大の要、「紙蝶番」

日本の屏風が誇る最大のポイントは、各扇をつなぐ蝶番である。

いつの頃からか、日本の経師たちは屏風の蝶番を紐から和紙に替えた。この紙蝶番のおかげで、最小の隙間で自在に折り曲げ可能な屏風芸術が成り立った。

紙蝶番には少し厚めの和紙を使う。表具業界では、縦四十センチ×横六十センチ、一枚で十六グラムほどの紙を、尺貫法の用語のまま六匁《もんめ》（の紙）と呼ぶ。昔も今も屏風の紙蝶

洋紙と和紙の「強さ」の比較

	上質洋紙	中質洋紙	クラフト紙	楮紙	三椏紙	雁皮紙
裂断長	2.45	0.63	4.40	6.20	7.04	18.6
引裂強	59	23	100	643	408	102

（『和紙の手帖』全国手すき和紙連合会、1996年をもとに作成）

番に使う和紙の定番は六匁である。

紙は糊で張り付けることができる上、柔らかく、本体のどの部分に触れても傷つけたりしない。紙で作った蝶番は、左右が蝶のように軽やかに羽ばたく姿になる。まさに蝶番と呼ぶのにふさわしい仕掛けである。

蝶番は折り曲げるたびに相当な圧力を受ける。しかし、金属の蝶番のように厚くては隙間が目立ってしまうし、錆などが出て画面を汚す恐れもある。それらの問題をすべてクリアできたのが、楮を原料にした和紙の蝶番だった。

紙蝶番の和紙は、屏風全体が壊れるほどの力でも加わらない限り、伸びもちぎれもしないほど丈夫である。もちろん錆びない上に、周囲の紙に融け込んで目立たない。屏風にとってこれほど有り難い蝶番はないのである。

楮紙は他の紙に比べてどれくらい強いのだろうか。強さを表す尺度に、裂断長《れつだんちょう》と引裂《ひきさき》強さがある。前者は、「紙の一端を固定懸垂して、どれだけの長さ紙を垂らしたら自重で破断するか」（単位はキロメートル）、後者は「一枚の紙を引き裂き続ける際の抵抗力の平均値」（単位はミリニュートン）である。

前ページの表は、紙の種類ごとに裂断長と引裂強さを検査した数値である（裂断長、引裂強さとも、数値が大きいほど破れにくい）。

楮紙、三椏紙（三椏はジンチョウゲ科の落葉低木）、雁皮紙などの和紙は、裂断長、引裂強さともに、木材パルプを原料とする洋紙に比べて格段に頑丈であることがわかる。中でも、楮紙は引き裂きに対して図抜けて強い。

しかし、紙蝶番の素晴らしい機能を生かした屛風は一朝一夕に完成したものではなかった。日本の紙蝶番付き屛風が完成するまでには長い歴史の積み重ねが必要だった。

4　紙蝶番の誕生までの長い歴史

正倉院宝物「鳥毛立女屛風」に紙蝶番はなかった

現存する日本最古の屛風は、正倉院展でお馴染みの六枚折り「鳥毛《とりげ》立女《りつじょの》屛風」である

（八世紀半ばの作）。鳥毛立女、別名樹下美人《じゅかびじん》は、日本で最も顔の知られた唐風の古代美女で、作品名は屏風にヤマドリの羽毛が張られていたことに由来する（現在、羽毛はほとんど剝落している）。

正倉院宝物の目録にあたる「国家珍宝帳《ちんぽう》」には屏風が百隻も記載してあった。日本人は古代から屏風が好きだったのである。その種類も、画屏風、鳥毛屏風、臈纈《ろうけち》屏風（ろうで防染して模様を表す手法）など様々だが、正倉院展では「樹下美人」にしかお目にかかったことがないのは残念である。

「鳥毛立女屏風」は一見、一般的な屏風のようだが、構造の肝心なところが桃山の屏風などとは大きく違っていた。各扇が接扇《せっせん》と呼ばれる絹紐で結びつけられているのである。絹紐か紙蝶番かによって、屏風絵の見え方はまったく異なる。この違いは、美術史上では大きな意味を持っていた。

平安時代の屏風絵・屏風歌

屏風の本来の目的は風除けで、屛《へい》には「中を覆い隠す」という意味がある。平安時代の貴族の屋敷に寝殿造（室内に間仕切りがほとんどない）の建築様式が取り入れられて以降、屏風は室内の仕切りや風除け用として欠かせない建具となった。

九世紀後半になると、屏風に絵を描き、その絵に和歌を書き添える文化が生まれた。この屏風絵と屏風歌は九世紀後半から十世紀にかけて貴族社会で流行した。屏風絵の題材は、四季や山水や年中行事などだった。その屏風絵を主題として詠んだ和歌が屏風歌で、和歌は屏風絵の中の小さく枠付けした場所に書き込まれた。屏風歌に関しては、幸い極めて詳細な文字記録が遺されている。おかげで屏風歌のある屏風の数は平安時代を通じて二百四十九帖に及んだことや、制作年月日、誰の何の祝いのために作られたのかなどもわかっている。

王朝文化の粋を集めた屏風歌のある屏風は、度重なる戦乱や火事などで残念ながら現存していない。もし現存していれば、軒並み国宝になったであろうし、そこに紙蝶番が使われたかどうかもわかるはずだった。

絵巻物の画中に見る屏風

屏風の紙蝶番がいつ使われ始めたかを知る手掛かりは、何と絵巻物だった。屏風はもともと貴族たちの生活必需品である。絵巻物の室内シーンに屏風が描き込まれていても不思議ではない。幸い、平安時代の絵巻物はかなりの数が遺されており、大和絵は描写が細かいので紙蝶番かどうかを識別できるかもしれなかった。

名古屋市の徳川美術館には有名な「源氏物語絵巻」がある。十二世紀前半の作で、現存する源氏物語を題材とする絵巻としては最古のものである。

細かく見てみると、「柏木《かしわぎ》の巻」で周囲に縁取りがなされた四扇が描かれていた。しかし、古代の屛風形式と同じで、扇と扇は赤い折り紐で結ばれ、屛風絵も扇ごとに独立していた。屛風はまだ紙蝶番を使うほど完成していなかった。

時代は下り、十四世紀作の絵巻「法然上人絵伝《ほうねんしょうにんえでん》」では、画中の屛風の扇が九〇度を超えた角度で立てられていた。これは従来の屛風ではできないことである。また、同じ頃の絵巻「石山寺縁起《いしやまでらえんぎ》」では、六扇が一扇ごとではなくまとめて縁取りされていた。縁取りを全扇まとめたことは、各扇を紐で結ぶ接扇時代の屛風と比べると大変化である。

画面の松の枝は隣の扇をまたいで、のびやかに描かれている。屛風の構造の変化で各扇が一つの平面に見える大画面となった結果、屛風絵も大きく変化したと考えられる。これは、紙蝶番なしではできないことであり、遅くとも十四世紀には接扇が退場して紙蝶番が登場していたと考えられる有力な証拠だった。

鎌倉後期、ついに紙蝶番が出現

小さな画中画や数少ない屛風が頼りだったが、紙蝶番が誕生したことを示す文字資料がある。鎌倉後期に行われた京都賀茂社の遷宮の記録である。

賀茂社では遷宮に際し屏風を新調することになっていた。記録によると、嘉元三年（一三〇五）に挙行された遷宮行事で、屏風を仕立てる方法が古代の様式から変化していたことを記した部分があった。「もとの御屏風は唐屏風のようにて唐織なり。此度《こたび》は番《つがい》もやまと屏風のよう也。裏のへりは繧繝《うんげん》にす。裏も綾蘇芳《あやすおう》」とある。

「番」は紙蝶番の「番」を意味するとしか思えず、接扇は蝶番に取って代わっていたようである。「唐屏風」は正倉院宝物のような各扇を紐で結んだ屏風を示していることから、「やまと屏風のよう」は紙蝶番の屏風の出現を示していると思われる。紙蝶番を使う屏風は「やまと屏風」という呼び名で遷宮以前から使われていたことがうかがえる（繧繝は、同系統の色を段層的に濃淡をつけて染め、織り出したもの。綾蘇芳は、黒みを帯びた赤色の蘇芳という植物染料を使って斜め織りした布）。

八世紀半ばの「鳥毛立女屏風」から、嘉元三年（一三〇五）に賀茂社の遷宮で紙蝶番付き屏風に新調されるまでには、実に五百年以上経っている。ついに日本の屏風芸術はそれまでにない独自の表現スタイルを手にしたのである。

5　日本の芸術はパレルゴンで成り立っている

日本美術の工芸性

琳派芸術は屏風だけではない。宗達の下絵と光悦の書による巻物や色紙帖、宗達の扇、装飾料紙を使った嵯峨本など、実に多彩である。こうした琳派芸術はしばしば工芸的、装飾的などと表現される。

確かに琳派作品は、木や紙で組み立てられた工芸品としての側面があり、きらびやかな実用品としても使われた。

琳派に限らず日本の絵画は、薄くて皺になりやすい宣紙や柔らかい絹布を画材として使うことが多く、描いた後は和紙で裏打ちして補強したり、和紙を使って屏風するなどしなければ鑑賞できる状態にはならない。そもそも日本の芸術作品は様々な形で工芸性を内包しており、和紙は日本の芸術を支えているといっても過言ではない。

しかし、日本が明治期に学んだ西洋美学では、絵画と彫刻こそが純粋芸術であり、工芸はそこに含まれてはいなかった。その価値観からすると、工芸的＝純粋芸術より低い存在、となってしまう。これでは、屏風や、陰に陽に作品の工芸性に関わってきた和紙としては、いかにも不本意である。

和紙につきまとう悩ましい問題を解決する糸口は、意外なことに西洋の哲学者たちの考えの中にあった。

西洋社会にある「パレルゴン」という考え方

西欧では、ギリシャ・ローマの時代から、芸術の成り立ちを構造的に捉えるところがあった。彼らは作品の構成要素を分析し、作家の精神的な創作活動以外の部分、つまり、絵画であれば画そのもの以外を一括して「パレルゴン（parergon）」（ギリシャ語で、作品〔エルゴン〕の傍らに〔パラ〕あるもの、の意）と呼んだ。

絵画ではキャンバス（画布）、建築や彫刻では石や木や金属などの材料がパレルゴンである。日本美術でいうと、表装も屏風もそこで使われる和紙もみな、パレルゴンである。日本の芸術はパレルゴンとともに在るといってよい。

十八世紀ドイツの哲学者カントは、パレルゴンを「美術作品に付随する装飾」と定義し直した。カントのおかげでパレルゴンは装飾用という立派な肩書と役割をもらった。

二十世紀フランスの哲学者ジャック・デリダは、パレルゴンは装飾物だけではなく、枠、額縁、台座、署名など、作品の周縁的な部分にも拡張し、それらは作品にとって極めて重要な意味を持つと唱えた。彼は「これからはパレルゴンの研究が、美学や美術史学の分野で新しい研究テーマとなる」とまで言っている。和紙は日本美術の工芸的要素であることが多い。パレルゴンは作品の工芸性といわれる部分といってもよく、デリダのおかげで和紙に対する評価は高まったと考えられる。

屏風も和紙も重要なパレルゴン

パレルゴンへの研究と理解が進めば、芸術の見方も変わってくるのではないだろうか。イタリアの美術研究家による、古代から現代までの西欧美術を五百点に絞って解説した入門書がある。日本でも翻訳出版されたが、この本で驚くのは、ナポリにある教会の祭壇画の額縁が選り抜きの五百点の中の一点として紹介されたことである。

キリスト教における神は唯一絶対の存在であり、立派な額縁を使い俗界と明確に区別することが必須だった。フィレンツェの祭壇画の研究家によると、ルネサンス時代は画を描いた画家よりも額縁を制作した職人の方が高い報酬を得ていたという。

西洋社会では、額縁も作品性や時代を反映していたのであり、美術史上の重要な研究対象になるかもしれない。同書が出版されたのは、パレルゴンの重要性が西洋では認識されていることを示しているように思える。

日本美術における屏風などの多様な装潢（表装、表具）はまさにパレルゴンであり、西洋のそれと比べても、実に手が込んでいて見事である。和紙や文房四宝などはみなパレルゴンといっていい。

日本の表具師たちがフィレンツェの祭壇画職人ほど高収入を得られなかったのは、宗教的背景の違いとはいえ残念だった。屏風や表装、和紙はもちろんのこと、その他数えきれないほどある日本独自のパレルゴンたちを、きちんと評価していただきたいものである。

第八章

和紙が支えた徳川の天下泰平

1　江戸時代は和紙の時代

戦乱の終わりと和紙の躍進

江戸時代になると世の中の経済活動は全国的に活発化した。それに呼応するように和紙の仕事も増え、今では考えられないほどの範囲と規模で社会を支える役割を果たすことになった。

応仁元年（一四六七）に応仁の乱が始まり、慶長二十年（一六一五）に大坂夏の陣で豊臣家が滅び、百五十年ほども続いた戦国の乱世が終わった。年号が元和《げんな》に改められると世の中は「元和偃武《えんぶ》」と呼ばれるようになる。偃武とは武器を伏せて用いないという意味で、徳川の世に太平が訪れた。以降、幕末までの二百数十年もの平和が続いた江戸時代は、パクス・トクガワーナ（徳川による平和）の時代と呼ばれる。

江戸時代の初期の日本の人口は千二百万人ほどだったが、その後どんどん増加して江戸中期には三千万人ほどになり、以降幕末まで同水準で推移した。これだけの人口を持つ国が長期にわたり、国内はもちろん、隣国ともさしたる争いもなく平和に共存できたのは、人類史上の奇跡である。

パクス・トクガワーナと時を同じくして、和紙は目覚ましく躍進した。単なる書写材にとどまらず、ちり紙、うちわ、行灯、傘などの日用品から、障子や襖などの建具、瓦版《かわらばん》、書物、浮世絵、かるたなどの情報・娯楽・芸術関係など、今では想像もできないほどあらゆる分野で使われた。

東西を問わず文化の発展に紙は欠かせないが、江戸期の日本のように紙が社会全体を支えるほどの重要な役割を担った国は、他にない。パクス・トクガワーナの世が長持ちしたのは、和紙による下支えが大きかった。

長い歴史を通して様々な大役を果たしてきた和紙だが、もともと火にも水にも弱い身としては戦や争いごととは基本的に相性が良くない。和紙にとって、戦乱のない江戸時代は心おきなく活躍できる有り難い時代だったのである。

豊臣氏を滅ぼし天下の頂点に立った江戸幕府は、体制保持のため数々の政策を実施した。各藩に厳しい経済的負担を課し、藩財政の窮乏化を図ることで徳川を守る手立てとした。現代のように地方が中央から補助金をもらうなど、もってのほかだった。全国の各藩にとって、幕府に命じられた江戸への参勤交代や、全国各地に出向いてやらされた出張土木工事の財政負担は大きく、経済的苦境に立たされた。

そこで各藩は、苦しい藩財政を補う手段として、和紙作りの歴史が古い西日本を中心に折から需要が増大していた和紙生産に力を入れた。図らずも江戸時代の日本には、和紙が社会の基盤を支える産業として成長発展する条件が揃ったのである。

今となってみると、和紙に限らず全国各地の名産品といわれるものの多くは、江戸時代に全国の藩が経済的な生き残りを図り、必死で生み出した地場産業の品々だった。

文書数の増大と社会の発展

江戸時代の紙の消費量について、現代のような統計資料などは期待できない。しかし、千葉県佐倉市の国立歴史民俗博物館では、保存文書数についての極めて珍しい統計表を展示していたことがある。

長野県下の一村・一市・二郡に残されていた中世末期以降の歴史文書をつぶさに調査し、年代の判明した文書を年ごとに集計して棒グラフにしたのである（棒グラフの各数字は、約三十年分の文書数を年数で割り、一年分の文書数に換算したもの）。

保存文書数は、江戸初期までは一年あたり二点以下だった。それが江戸中期頃に一挙に増える。さらに幕末から明治にかけての約三十年で実数が二万数千点、図表の棒グラフで見ると一年あたり八一六・二点に上る。江戸初期の保存文書数一・八点の実に四五〇倍以上

長野県下の保存文書数の推移

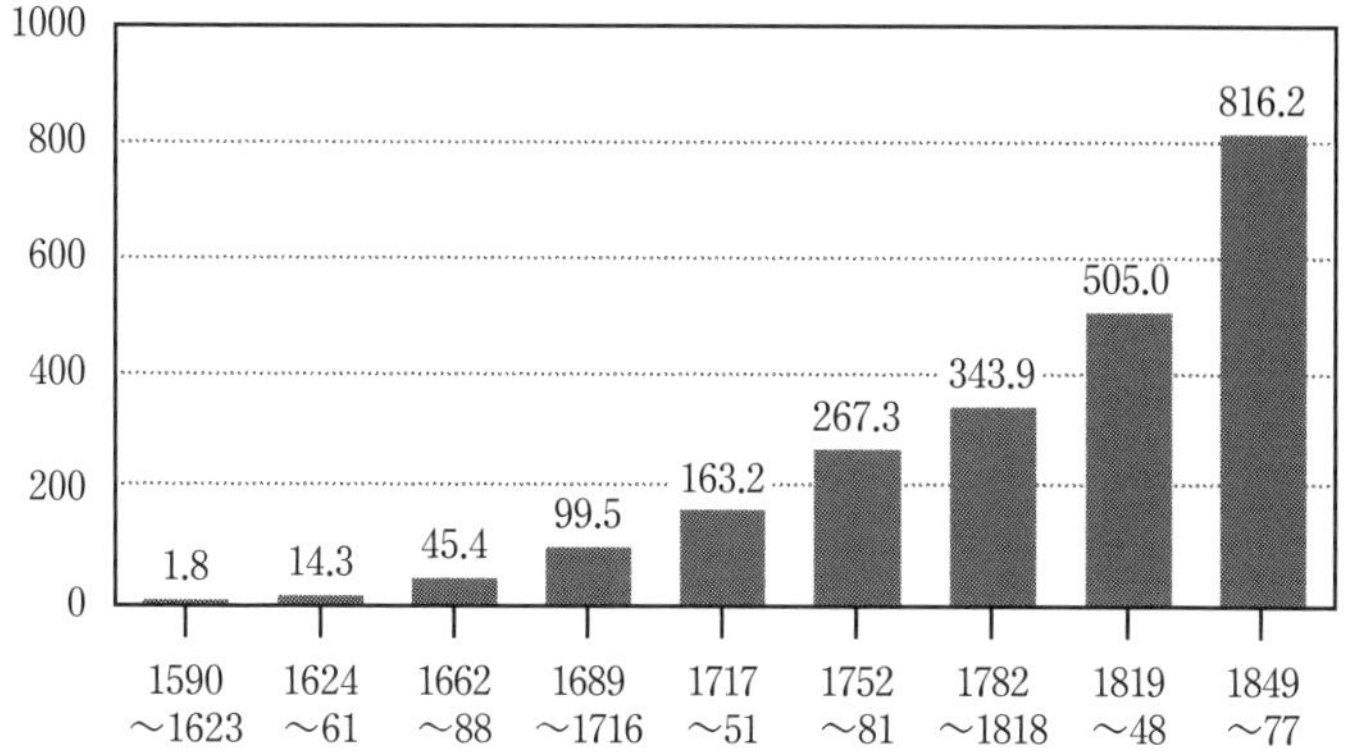

（国立歴史民俗博物館展示パネル、2012年をもとに作成）

の数である。社会の発展と紙とが密接に関係していたことがわかる。

水や火に弱い上に使い回されることの多かった紙だが、金銭の出納、土地の権利など生活の根幹に関わる紙文書は事情の許す限り保存されていたと考えられる。膨大な数の古文書の収集整理に大変な努力を費やしたであろう研究者の方々に、和紙としては感謝あるのみである。

2　紙専売制で生き残った岩国藩

周防岩国藩をどん底から救った和紙

古くから和紙生産の盛んだった西国各藩にとって、紙生産は藩財政を支える重要な財源だった。各藩は紙を専売制にするなど統制下に置き、収入の確保に努めた。

紙専売制のやり方は各藩の事情により様々である。その中の一つ、中国地方の三万石の小藩・周防岩国藩では、武士たちが紙専売制を支えるために大活躍していた。

関ヶ原の合戦で西軍の総大将だった毛利藩は戦いに敗れ、何とか取り潰しは免れたものの所領は大幅に削られた。再編制された毛利藩の下で、新しく周防国に置かれたのが岩国藩だった。

初代の岩国藩主・吉川広家《きっかわひろいえ》は毛利氏の一族で、旧毛利藩の体制下で山陰に十四万石を領する堂々の城持ち大名だった。しかし関ヶ原合戦以後、広家は石高をわずか三万石に減らされ、所領は中国山地を越えた周防国に移された。

広家が藩主となった岩国は城もなく、平野が少なくて山の多い所だった。経済が成り立たなければ藩は潰れる。広家は海を埋め立てて水田を広げ、畑にはいろいろな植物を植えて収入増を図った。今の岩国市は有名な錦帯橋《きんたいきょう》もあって山口県を代表する観光地だが、橋ができたのは江戸中期に藩経済が落ち着いてからである。

周防国は古くからの紙漉きの地で、奈良時代の記録ですでに紙産地として名が記されている。毛利家の本家筋で長門・周防を領する長州藩では、早くから領地全体で専売制による紙漉きを行っていた。

岩国藩は周防国に移ってしばらくは紙漉きをしていなかったが、やがて紙専売制を始めた。幸い中国山地から紙漉きに欠かせない豊かな水を供給する錦川が流れ、瀬戸内側の河口に積み出し港を作ることができた。

とはいえ藩がビジネスとして紙専売制を実施するには、難題がいくつもあった。偃武の世に武器を置き官僚となった武士たちは、紙生産を管理運営し、できた紙を市場に運んで販売するところまでやらなければならなかった。

そのために新しい仕事である紙漉きをする農家を集め、楮の栽培から紙漉きまでの作業用として、一年分の運転資金を用立てる必要があった。紙ができたら濡れないように大坂まで運び、紙市場で海千山千の紙卸商人と取引するのは藩の役人の仕事だった。

一見、年貢米制度とも似ているが、米は全国の支配者たちが古来やってきたことでもあり、ルールも業者も決まっていた。それに比べて値動きも産地間競争も激しい紙の専売は難事業であり、実際の事業は商人に任せ、藩は運上金を取るだけというところも多かった。

岩国藩でも紙専売制を始めるにあたって地元の紙商人に事業を請け負わせようとしたが、新開地の岩国には引き受けられる有力な紙商人がいなかった。紙専売は岩国藩の生き残りを賭けた大事業であり、関ヶ原の戦いで敗者に転落した岩国の武士たちにとって、まさに背水の陣だった。

藩が小さいこともあってか、岩国藩の紙専売制は他藩と比較して管理が行き届きやすかった。領民は自分で漉いた紙でも一切売り買いはできず、すべて藩に納めなければならなかったし、原料の楮も勝手な売買は許されなかった。違反者は厳罰を科され、悪質な場合には遠島や獄門に処された。

努力の積み重ねは次第に結果を出した。紙専売の売り上げは次第に増加し、藩財政の最大の柱となった時期が長く続いた。

特Aクラスだった岩国半紙への苦情

日本全体を見渡すと、越前の奉書や鳥の子紙、美濃の美濃紙《みのがみ》などは古くからの有名ブランドで日本を代表する紙だった。江戸時代になると、経済や文化が発展して需要が急増し、新興紙産地にもチャンスが訪れた。岩国半紙は越前紙や美濃紙のような高級品ではなかったが、日常用の半紙として名が通るようになった。

安永六年（一七七七）に出版された『新撰紙鑑《しんせんかみかがみ》』という本は、各地で産する和紙の名称、品質、寸法などを収載した和紙のカタログで、広く紙商人たちに用いられていた。

その中で紹介されている岩国半紙は品質も良く特Aクラスに入った。「阿品竹安《あじなたけやす》の紙よし。小瀬《おぜ》の紙うすく清し」と紹介されている。阿品・竹安・小瀬は周防国内の地名である。「清し」という表現には、当時の人々の紙に対する敬意が感じられるが、紙は品質や価格面での産地間競争が激しかった。

出荷先の商人から岩国半紙の品質に対し藩に寄せられた容赦のない苦情の記録もあり、岩国武士たちはQC（品質管理）にも意を注いでいた様子がわかる。

苦情その一。糊米《のりごめ》の入れすぎ。

「糊米の量が多い紙を北国に廻すと梅雨時はかびが出るそうである。岩国の紙は糊分が薄いので湿り気の多い国でもかびは生えず重宝されているが、去年の生産分には糊が強すぎるものがあった」……当時は紙を重さで売買した。糊米は紙を白くするため紙液に入れるのだが、糊米が楮皮《ちょひ》より安いことに目をつけ、重い糊米を余計に入れたのである。

苦情その二。偽の岩国半紙の出現。

「岩国半紙は江戸や北国からたくさんの買い取りがあったが、近年は那須で岩国の紙に似せたものを漉いている。那須は江戸に近くて運賃がかからず値段も安く、岩国半紙の江戸送りは以前ほどではなくなった」。ブランド品は偽物が出て一人前。岩国半紙は偽物が出回るほどの一級品になった証拠でもあったが、当然、喜ぶべきことではなかった。

苦情その三。紙漉き農民による不正、検査逃れ。

「枚数不足。紙の間に余計な藁が入っていた」「不良品が混ざっていた。俵の名札は輸送中にわざと外れるようにしてあり、出荷者を特定できなくしていた」……抜け目なく立ち回ろうとした紙漉き農民もいたことがわかる。

当時の人々には今では考えられないくらいに「紙を見る目」があり、その目をごまかそうとしたことで思わぬ方向に展開した事件もあった。

寛延元年（一七四八）に長谷村の惣作という者が他人の漉いた紙を盗み、自分の漉いた紙だと言って納入したことが発覚した。惣作は余った分を紙商人相手に、御法度の密売までしていた。

惣作は遠島になったが、何と惣作の紙を検査した役人も辞めさせられた。その理由は、「担当の見取役は紙を見た時に質のよし悪しはもちろんのこと、誰が漉いた紙かを直ちに見極めるべき」とのことだった。

手漉きの紙は、大変微妙ではあるが、誰が漉いたかによって必ず紙質に違いが出る。担当の見取役は納められた紙が村の何兵衛が漉いたものか、識別できなければならなかったのである。貧しい下級武士にとって失職は厳しい処分だった。現代の和紙関係者で岩国藩の見取役が務まるほどの紙の目利きは、果たして何人いるだろうか。

石高社会の常識を覆した岩国半紙

岩国藩の紙専売制事業は、幾多の困難を乗り越え次第に大きくなった。

江戸中期に大坂中之島地区にあった岩国藩蔵屋敷は、立ち並ぶ諸藩の蔵屋敷の中でも威容を誇っていた。幕府の物価調査では岩国半紙が全国基準とされていた。岩国半紙は相場を左右するほどのステータスだったのである。

近松門左衛門の人形浄瑠璃「心中《しんじゅう》天《てんの》網島《あみじま》」が、難波の人々の間で大ヒットしたのはこの頃である。

主人公が天国から地獄へ落ちるのはドラマの定石である。近松は「心中天網島」で、主人公・治兵衛の職業を岩国半紙を扱う商人に設定し、彼が転落するさまを描いた。岩国半紙の紙問屋の主人は裕福のシンボルだったのである。治兵衛は岩国半紙の商売資金まで遊女小春に注ぎ込み、二人は心中にまで追い込まれていく。そして、治兵衛の健気な妻おさんの物語に、難波の見物客たちは涙に暮れた。

実際に、岩国半紙の商売は儲けが多く、貧しい藩財政を支えた。半紙生産の最盛期は年間で銀一千三百〜一千四百貫ほどの純益があった。藩の米作と畑作の年貢合計よりも紙専売の利益の方が多かったのである。岩国半紙は石《こく》＝米の出来高がすべてであった日本経済の既成概念をひっくり返してみせたといってもよい。紙は価格変動も大きかったが、岩国藩では大幅な利益が二十年続いた時代もあった。

岩国藩の紙専売制は、藩財政に対しもう一つの大事な役割を果たしていた。江戸時代、各藩は藩札を発行して領内の経済を運営した。しかし、藩札は自藩外では通用しない。岩国藩は、紙漉き農民には買い上げ代金を藩札で支払い、大坂の紙商人からは代金を銀で受け取った。岩国半紙は現銀を獲得する役、今でいう外貨獲得の役割も果たしたのである。

岩国半紙の売買を通して藩札を銀や金に交換しなければ、江戸への参勤交代の費用は払えない。幕府に命じられた全国各地での普請工事にも多くの現銀が必要だった。両者を合わせた現銀の支出は巨額であり、現銀がなければ岩国藩は対外的には何もできず、幕府から改易されたに違いない。全国には岩国藩のように和紙生産が藩経済の柱だったところは幾藩もあった。和紙は薄い見かけによらず江戸社会の経済秩序を安定させる重要な役を果たしたのである。

新しい土地で無一物から立ち上がった岩国藩にとって、紙生産は藩を救う大恩人だった。「武士の商法」という言葉は明治維新後、にわか商いに手を出して失敗する武士に向けられたが、戦国時代の辛酸が身に染みていた岩国武士は商法にもしたたかだったのである。

3　江戸時代の経済と和紙

紙漉き農民は金の卵

紙は価格変動が激しかった上に、紙漉き農民への生産費の前貸しなどもあったから、紙専売制の維持には巨額の運営資金が必要だった。岩国藩では金を借りている広島や京大坂の高利貸しに苗字帯刀や禄を与え、何かにつけて藩屋敷で接待したり祝儀を贈るなど配慮を欠かさなかった。

一方で、買い手である京大坂の紙商人たちとは、熾烈な駆け引きを繰り広げた。親藩である長州藩家老から岩国藩家老宛に寄せられた手紙には、「ただ今、紙の買い手たちは鷹のようになっています。三藩の紙を一緒にして卸し売りすれば、買う側は手を尽くして買いに回るものです」とある。

三藩とは、親藩の長州藩と、周防国の支藩の徳山藩、それに岩国藩である。三藩は示し合わせて大坂の紙市場価格を左右しようと企んだのである。このような売り方は幕府の規則違反と知った上での行為だった。武士の商法には良くも悪くも磨きがかかっていた。

第二次世界大戦後に一部の歴史学者たちが「江戸時代の封建制の下、領主の過酷な搾取にあえぎ、紙漉き農民による紙一揆が多発した」と説いた。おかげで「紙漉き農民哀話」が誕生し、都市伝説として広まった。しかし、百姓一揆の定義に問題点が見つかるなど、学者たちの説は極めて雑駁《ざっぱく》なものだった。

各藩にとって紙漉き農民は金の卵であり、それを失っては元も子もない。岩国藩はもともと豊臣側の総大将の毛利家側でありながら、敗戦後は権謀術数の限りを尽くして生き抜いた。その後の紙の販売では大坂商人とつば迫り合いを演じていたような武士たちが、金の卵を失うほど愚かであったとは考えられない。藩が紙専売で得た膨大な利益を紙漉き農民に還元するほど寛大ではなかったとしても、紙の生産者が増えるほど藩の利益が増すのは自明だった。

紙漉きはどこでも冬に行われた。岩国藩は儲けの大きい紙の早期出荷には奨励金を出し、また、高値で売れた時には割増金を支払うなど、紙漉き農民の生産意欲の向上に努めた。

農民は村での紙の一次検査を終えると、二次検査のために紙蔵のある城下町まで紙を運んでくる。紙蔵の役人は、藩の上役から、遠方から来る農民の帰りを考えて朝早く開庁せよとか、各種トラブル発生時には穏便に、などの指示を受けた。現代のお役所も顔負けの利用者第一であり、紙役人は農民たちを商売上の顧客として扱った。

延享元年（一七四四）に出された藩の触書では、農民や町人の贅沢に厳しい江戸時代にありながら、紙生産で中心的な働き手だった紙漉き女たちも庄屋（名主）の妻と同水準の贅沢が許された。身分制の厳しかった時代に庄屋の家族と同待遇とは破格である。

岩国藩の武士たちは搾取の代わりに紙漉き女たちの心を捉える方を選んだ。紙専売制が一番徹底していたと思われる岩国藩では紙一揆が一件も発生していない。全国の藩に紙生産を理由とする一揆がなかったと断定するわけではないが、「紙漉き農民哀話」は一部の歴史研究者たちのプロパガンダであったと考えられる。

日本一の二次産品だった和紙

江戸時代の大坂市場は、全国の年貢米や物産が集散する天下の台所である。その大坂市場の記録によると、紙は取扱品の中でもひときわ大きな存在だった。美術作品などの文化的用途だけでなく、経済活動や日常生活を支える必需品だった。住空間では障子や襖は紙

元文元年（1736）諸色登高、ならびに銀高表

	商品名	価格（銀）
1位	米	8637貫898匁
2位	諸材木	6955貫346匁
3位	諸紙	6884貫818匁
4位	白毛綿（白木綿）	5172貫475匁
5位	掛木（薪）	4828貫494匁
6位	木綿	4597貫417匁
7位	銅	3511貫880匁
8位	干鰯	3492貫945匁
9位	鉄	2948貫460匁
10位	生魚	2409貫900匁

注：１貫＝1000文、１匁＝小判１両の60分の１（『大阪市史 第四上』1979年をもとに作成）

であり、その他現代のプラスチックで作られているような各種製品や道具類のほとんどに、紙が使われていた。

大坂市場で取引された紙取引高の膨大さは、紙の経済的地位の大きさを物語る。十八世紀の中頃、元文元年（一七三六）の大坂市場に入荷した商品百十九種のうち、紙の取引高は上から三番目だった。米や木材は一次産品だったから、二次産品では紙が堂々の一位だったことになる。

諸色《しょしき》とは諸々の物品のこと、登とは諸国から大坂（上方《かみがた》）に送られてくることである。上方なので、

金額が銀高で表されている。米と木材が上位を占めるのは理解できても、紙が第三位であったとは、現代では考えられないことである。

紙を発明した中国大陸では、唐の時代までは楮や桑などの樹皮を紙原料として使っていた。当時は中国でも日常品の多くに紙を使っていたと考えられる。しかし、紙の需要増に伴って紙原料が樹皮から竹や藁などに代わり、紙の強度が弱くなると、生活用品としての役割も減り、用途はもっぱら書写材や紙幣などに限られた。

一方、自然に恵まれた日本では、紙の需要が増えても楮・雁皮・三椏などの紙漉き原料が枯渇することもなく、全国各地の紙産地ごとに多種多様な和紙を生産できたのである。

幕府権威の象徴だった越前奉書

鎌倉時代になると、良質の和紙である奉書は、武士社会の権威の象徴として用いられた。そして江戸時代に入ると、越前で漉く越前奉書は徳川幕府の御用紙になった。信じられないようなことだが、福井藩で紙漉き農家の元締めだった三田村家の当主は、武士でもないのに将軍の代替わりの度に謁見を許されたのである。

幕府は、将軍が絶対的存在であるように、御達しを記す越前奉書紙に関わるすべてのことにも、絶対の権威が与えられた。

御用紙はすべてが特別扱いだった。楮は上皮と二番皮まで取り除き、白くて柔らかい三番正皮のみを使った。三番正皮は入念にちり取りをしたのち、トロロアオイなどののり剤が良く効き紙質の良くなる寒前《かんまえ》から正月にかけての厳寒期にだけ漉いた。

紙が漉き上がっても、幕府に差し出すまでには二十～三十か月ほど寝かせた。御用奉書紙として納めるまでには実に三年の年月が必要だった。漉いた紙は、それくらいの期間を置かないと一種のにおいが抜けず、紙の地も締まらないし、色艶も肌合いも良くならない。

出来上がった紙を江戸表に運送する際は荷駄の上に葵の紋と御用と書いた木札を立て、どんな大名行列に会っても道を譲らないのが慣例だった。幕府御用の奉書用紙はすなわち幕府の御達しであり、幕府の権威そのものだったのである。

幕府の権威ともなった越前和紙とは一体どのようなものであったか。福井県の越前五箇にある「岡太神社・大瀧神社」には、越前大奉書の成分や値段を幕府に報告した文書が残されている。世の中で一番上等とされた和紙の原材料と配合の割合、それぞれの原価まで記された極秘データである。

越前大奉書

黒皮楮　八貫弐《に》百五拾《じゅう》匁　代弐拾八匁七分八厘《りん》

米　　壱斗《いっと》七升壱合　　代拾壱匁弐分五厘
楡《ゆ》　　壱貫五百五拾匁　　代三匁弐分七厘
灰汁灰　弐貫五百九拾五匁　代弐匁八分
薪　　拾壱束弐歩　　代弐匁弐分五厘

三つ目の原材料として楡（ニレ科の落葉高木）がある。楡の皮は装潢のほかに、粘剤として紙液に混ぜ紙を漉くこともできる。正倉院文書には、写経用として、一般的な紙の原料と並んでニレ皮を買い入れた記録がある。写経した経典の装潢や、紙液に混ぜて紙面を平滑にするために使われたと考えられる。

その後は一般的な和紙の製法に楡を使ったという記録はなく、幕府に納める越前大奉書に楡を使っていたことを示す珍しい文書である。

江戸社会の人々はあらゆる知恵を絞って紙の利用範囲を広げ、用途を多様化させた。文字を書くことはもちろんとして、日常の生活用具や遊び、芸術文化や建築等々、考えられる限りの分野で和紙を使うようになった。

今の言葉で言うと、紙はハードとソフトの両面で日本社会を支えていたのであり、大坂市場の諸色登高はその結果だった。和紙はパスク・トクガワーナの世をしっかりと下支えしていたのである。

岩国半紙のその後

岩国藩の和紙産業は江戸時代の後半に入ると、経済の多様化もあって藩財政に占める割合が少なくなる。生産額も、四国各藩の民間生産に追い越されるようになった。それでも領内の農民から藩札で買い取った和紙を大坂商人に売って銀を得、藩の対外経済活動を維持するという基本方針は最後まで継続され、岩国藩の存立を助けた。

明治維新後、岩国半紙の生産は、藩の解体とともに事実上の終わりを告げた。錦帯橋をイメージして建てられたという岩国徴古館には、岩国半紙に書かれた岩国藩の古文書が山のように保存されている。岩国の和紙産業が途絶えたのは、皮肉にも岩国武士たちの紙専売制が完璧すぎて、藩内に民間での和紙生産が存在する余地がなかったことによるのかもしれない。

和紙産業は江戸時代にピークを迎えるが、そこには日本らしい産業構造と日本の伝統文化と呼ばれるすべてのことがあったといってもよい。

日本各地で伝統産業といわれるものの多くが江戸時代に生まれ、地域経済を支える産物として発展してきた。その中には今なお「〇〇名物」として知られ生産を続けているもの

岩国藩の古文書や図書を保存する岩国徴古館(岩国市の有形文化財)。旧岩国藩の吉川報效会により建設され、昭和26年に岩国市に寄付された。

(写真提供：岩国徴古館)

も多い。江戸時代は、現代のように地方が中央からの補助金なしではやっていけないのではなく、むしろ地方が産業発展の努力を怠らず中央を助けていたといってもよい。

江戸学研究で知られた佐々木潤之介は、江戸時代の日本を世界にも類のない「手工芸産業国家」として成熟期を迎えたと定義した。和紙の生産は佐々木の定義の意味をわかりやすく教えてくれる。

第九章

浮世絵は和紙の本懐

1　世界を虜にした浮世絵

浮世絵は「軽薄小」の芸術

浮世絵という名の新しい木版画芸術が定着し始めたのは江戸中期に差しかかる天和年間（一六八一～八四）の頃である。以来、浮世絵は年齢や身分を問わず日本中で愛された。小さいものに美を認め、あらゆるものを縮める「縮み志向」といわれた日本文化の中でも、浮世絵はひときわ小さく薄くて軽い。何百号もの大作がひしめく西洋絵画に比べると、対照的な姿形をした絵画芸術だった。しかし、浮世絵は明治維新を機にヨーロッパで知られるようになると、世界中の人々を魅了した。

長年にわたって世界的な視点から浮世絵を見てきた美術評論家の瀬木慎一は、「二百年以上も前から、この軽薄な芸術品が日本を代表して世界中で文化大使の重任を果たしていたことを思うと、一種の奇跡のように思えてならない」と浮世絵を称えている。

瀬木の貴重なコメントを引用させていただきながら恐縮だが、和紙としては少し修正を加えたい部分がある。瀬木が浮世絵を表現した「軽薄」に「小」を加えて、浮世絵を「軽薄小」の芸術品と言ってほしいのである。もちろん、小とは浮世絵の物理的な大きさであり、決して作品の価値ではない。

小サイズしかなかった和紙を使う以上、浮世絵は「軽薄小」にならざるを得なかったのである。

小さいわりに手間暇のかかる作り方をする和紙だったが、その小ささを生かして様々な日本らしい文化が生まれた。浮世絵はその代表的な例である。

小さな和紙に広がる大きな芸術

浮世絵は和紙の強さと地合いの良さを前提条件として制作された絵画で、狭い紙面を生かした構図で見事な作品が多数生まれた。

浮世絵中期の天才絵師・鈴木春信《はるのぶ》は、大広奉書《おおびろぼうしょ》（縦約五十八×横約四十二センチ）を十字に四等分した中判の浮世絵や、丈長《たけなが》奉書（縦約七十七×横約五十二センチ）を縦方向に四等分に切った、幅十三センチの柱絵（柱にかける浮世絵）を多く残している。春信の柱絵は極端に細長い画面を見事に生かした構図で、春信らしさを象徴する浮世絵として高く評価されている。

イタリア・フィレンツェ市の中心部にメディチ家のヴェッキオ宮殿がある。ルネサンスの頃、レオナルド・ダ・ヴィンチはフィレンツェ共和国から依頼され宮殿内の五百人広間の大壁画に、油絵具を使った巨大な絵画「アンギアーリの戦い」を描いたといわれている。春信の柱絵と比べると途方もない大きさだったに違いない。同じ絵画作品でありながら比較するのがおかしくなるほどのサイズ差である。

浮世絵を生んだ三つの条件

浮世絵は軽薄小なだけではなく、他にも様々な点で、世界に例のない新しい側面を持つ絵画芸術だった。

浮世絵が世界を驚かせる存在となった背景には、従来の世界の絵画作品にはない三つの条件があった。第一は、浮世絵版画を生んだユニークな江戸社会の存在。第二は、浮世絵の精緻で独創的な木版画の制作技法。そして三つ目は、浮世絵表現を可能にした和紙の存在である。

第一の条件。通常、絵画は一点制作の芸術であり、それゆえに高い芸術性を持つ作品にはそれに見合った高額な価値がつけられる。近代社会が形成されるまで、画家に絵を注文する人（パトロン）は、絵画の芸術性を理解し、かつ、資力のある人に限られた。当然のように作品は一部の権力者や宗教界や富裕層のものだった。「アンギアーリの戦い」も大富豪でフィレンツェ共和国の支配者メディチ家の注文だった。

一方、浮世絵作品は、何百枚も刷れる木版画だった。おかげで誰しも手に入れやすくなり、浮世絵を認め愛する大勢の庶民が買った。浮世絵芸術のパトロンは江戸社会全体であり、江戸の庶民たちは絵画芸術が伝統的に社会の一部の層に限るという壁をやすやすと乗り越えてしまったのである。

第二の条件。版画という形式は古くから世界中にあり技法も多様だったが、浮世絵は作者である浮世絵師の周りに、他国の版画では見られない彫師《ほりし》・摺師《すりし》という、優れた技能を備え浮世絵師を理解する分厚い職人群がいて、作品作りを支えていた。浮世絵は質の高い版画を生み出す独創的な制作方式を確立していたのである。

第三の条件は和紙の存在である。和紙は浮世絵の制作に際して木版の多色摺りに耐える強い紙質で版画用紙としての難役を果たした。その上に、和紙独自の白くて、ふんわりとした素材性がそのまま浮世絵表現の一部となり、作品の芸術性を高めた。

三つの条件は相互に関係し合いながら、浮世絵という他国にはない絵画芸術の世界を築いた。特に、第三の条件である和紙は、三条件のすべてに横断的に関わるかけがえのない存在だった。浮世絵はそれまでの世界にはない、新しい次元の芸術作品だったのである。

世界で熱愛された浮世絵

一九〇〇年のパリ万国博覧会で日本側事務局長を務め、明治期の美術品輸出商としても活躍した林忠正《ただまさ》は、記録に残るだけで十六万点近くの浮世絵をヨーロッパに輸出したという。現存する浮世絵の四分の三は海外の美術館・博物館や個人が所有すると推定する浮世絵研究者もいる。江戸でもヨーロッパでも、人々はなぜ「軽薄小」の木版画を熱愛したのだろうか。

日本では後になって、浮世絵は「憂き世絵」から出た、という解釈があった。しかし、活力あふれる江戸の庶民から広く愛された浮世絵である。自分たちの暮らす世を「浮き浮きする世」とは思えど、「憂き世」などと考えた庶民は少なかったのではないだろうか。もう一つ、浮世絵は「浮き絵」だった、という考えもあった。この捉え方はヨーロッパ人たちが浮世絵に熱狂した理由の一つかもしれない。

浮世絵には独特の遠近感や版画技法に基づく空間がある。貧しかったゴッホは弟への手紙の中で、わずか五スー（二百五十円）ほどで浮世絵が手に入ったことへの驚きと、画面のflat（フラット）さへの関心を書いた。海外での浮世絵の展示の解説にも、しばしばflatという言葉が使われている。西洋の感覚では遠近法に基づき立体的であるべき画が、独得のflatさ、「浮き絵」となって見えるところに浮世絵の魅力を見たのかもしれない。このようなことは、ドラッカーの日本の水墨画が作り出す空間への解釈にも似ていて興味深い。

2　鈴木春信の登場と多色摺りの技法

多色木版画の創始者、鈴木春信

江戸時代には多くの天才浮世絵師が輩出した。中でも鈴木春信は多色木版画の創始者として数々の名作を残し、浮世絵芸術を確立した大天才だった。

江戸時代初期には仮名草子と呼ばれた小説・随筆類の木版本が数多く出版された。庶民の識字率が高く広い読者層があったのである。やがて木版本には挿絵も載るようになり、挿絵は次第に木版絵画として独立し、浮世絵という名で世間に広まった。

この時代に最初に浮世絵師という名で世に認められたのは菱川師宣《ひしかわもろのぶ》（一六一八頃～一六九四）だった。師宣の「見返り美人図」は昭和二十三年（一九四八）に切手にもなり、菱川諸房《もろふさ》や古山師重《ふるやまもろしげ》などの優れた弟子たちが活躍し浮世絵を発展させた。

ただし、この頃の木版の浮世絵は未だ墨一色だった。切手で使われ有名になった振袖姿の「見返り美人」は、木版摺りの彩色浮世絵ではなく、師宣が絹本（絹布）に描いた絵で、肉筆浮世絵と呼ばれてきた。しかし、肉筆画と木版画はまったく違う。浮世絵はあくまで木版画に限るのであり、肉筆浮世絵という呼び方には無理があるのではないだろうか。

菱川師宣から五十年以上のちの江戸中期に、いよいよ鈴木春信が登場する。それまで墨一色か、わずかな彩色しかなかった師宣時代の浮世絵を本格的な多色木版画に変え、今に見るような色彩豊かな浮世絵を初めて世に送り出したのが春信だった。

春信は、画の中にあふれるような情感を漂わせて従来の浮世絵のイメージを一変させた。彼の色摺り浮世絵は錦絵とも呼ばれた。

町絵師だった春信

春信はどのようにして錦絵にたどり着いたのだろうか。彼の経歴については絵の弟子だった司馬《しば》江漢《こうかん》などによる記録が少し残っている。

生年は定かでないが、春信は神田白壁町《しらかべちょう》のあたりに住む町人だったと思われる。没年は明和七年（一七七〇）六月十四日、あるいは十五日とされている。司馬江漢は師を回顧して書いた随筆『春波楼筆記《しゅんぱろうひっき》』に、「四十余年にして俄《にわ》かに病死」と書いた。数え年が四十六歳であったというから、逆算すると生年は享保十年（一七二五）となる。若い頃には狩野派の教えを受けたとされ、本姓を穂積《ほづみ》、通称を治郎兵衛ないし次兵衛といい、思古人と号した。鈴木はのちに名乗った姓である。

将軍家や大名家のお抱えである狩野派の絵師などと違い、浮世絵師たちは町絵師に分類された。大衆の移り気な支持をもっぱら頼りとしていた浮世絵師たちは、春信のように生い立ちがあまりはっきりしない場合がほとんどであり、それがまた浮世絵師らしかった。伝統や格式に縛られた狩野派や土佐派などに属しない浮世絵師たちの、市井《しせい》の水と空気の中での雑草のような生い立ちこそ、新しい絵画表現を生む大事な要因だった。

浮世絵と和紙は一心同体

芸術作品とは必ずしも一人の作家のみの才能が生み出すものではない。浮世絵では作家である浮世絵師の他に、彫師と摺師、さらには、その呼び方に便乗させていただくと和師（和紙）も、制作や作品の出来具合に深く関わる立場にいた。

版画形式の絵画作品は古くから世界各地で制作された。しかし、作品完成までに複数の人間と和紙のようなモノとが複雑に絡み合う版画は、日本の浮世絵だけである。絵師は別格として、今までも多少は言及されてきたが彫師と摺師は浮世絵の大事な担い手である。そして、モノではあるが和紙の存在も欠かせない。浮世絵制作の全過程に横断的に関わっている和紙を一つの構成要素として考えると、木版画全体の構造がはっきりして浮世絵への理解は一段と深まるはずである。

浮世絵で使われる紙は、地肌が美しく、摺り回数に耐える強靭さがあり、かつ均一な質を持ちながら安定的に大量供給される必要があった。江戸時代に浮世絵用の条件を備えた紙＝楮紙を大量に供給できたのは、世界でも日本だけだった。浮世絵にとって、世に出ようとした時に和紙と巡り合えたのは幸運だった。

そんな和紙にとって春信は特別な浮世絵師だった。彼は他の浮世絵師に先んじて和紙の特質を見抜き、和紙を単なる木版画の用紙とは見ず、そのふっくらとした白い地肌自体を画の重要な要素と見なした。

黒子役が本来の役回りだったはずの和紙も、春信のおかげで浮世絵の美の本質作りにまで参加させてもらうことになるのである。

木版多色摺りの始まりは大小絵暦

日本でも浮世絵が出現するまで、芸術は一部の特権階級だけが所有・鑑賞するものだった。それに対し、木版の浮世絵は一度に何百枚も摺り出せる。浮世絵は絵の内容の身近さも相まって、誕生当時から大衆社会のものだった。

鈴木春信の色絵暦「夕立」　中判錦絵　明和2年(1765)
春信は若い頃、絵暦絵師として人気を集め、のちに浮世絵師として活躍した。

(シカゴ美術館蔵)

考えてもみていただきたい。多色浮世絵は、日常で絵を見ることなどめったになく、見たとしてもその多くが墨一色だった世の中に初めて現れた、まさに錦のような絵だった。人気が集まらない理由はなかった。

しかし、墨一色の浮世絵から多色摺りの浮世絵になるには、それ相応の時間と技術、そして世の中のニーズも必要である。

日本で木版多色摺りの技法を初めて取り入れたのは絵暦《えごよみ》制作のためだった。明和二年（一七六五）の絵暦交換会に春信の作った色鮮やかな木版絵暦についての記録がある。春信は最初から浮世絵師だったのではなく、絵暦の絵師として世に出た。

当時の日本の暦は太陰太陽暦で、ひと月が三十日ある大の月と、二十九日しかない小の月があり、かつ、暦の調整のために二、三年に一度、閏月《うるうづき》（ある月が終わった後、同じ月をもう一度繰り返す。その年は年十三か月となる）があった。そのため、毎年暦を持っておかないと、実生活で不自由する。

江戸では大身の旗本や、名の通った趣味人、俳諧師、狂歌仲間たちの間で、大の月と小の月を機知にあふれる絵柄で描き分けた、自分専用の大小絵暦を作る趣味が流行した。大小絵暦を、短く絵暦ともいった。

各々自慢の大小絵暦を手にした人々は暦の交換にも熱中し、絵師たちに絵暦用として贅を尽くした多色摺りの版画を作らせた。そんな趣味人たちの集まりの中で春信は最も頼りにされる絵師だった。

絵暦絵師、春信

絵暦は木版摺りで作られ、制作には腕の良い絵師、彫師、摺師たちが総動員された。春信も最初はそんな作業グループ内の町絵師の一人として評価されたと思われる。

絵暦の愛好者であった大身の旗本や平賀源内・大田《おおた》南畝《なんぽ》などは、当代一流の文化人でディレッタント（好事家）でもある。彼らにとっては、高い教養に基づき古事来歴を面白おかしく見立てた絵が良い趣味の証であり、時代感覚の鋭さを反映するものだった。浮世絵師となった春信の作品に古事来歴の見立て絵が多い背景には、江戸の教養人たちとの交わりがあった。江戸のディレッタントたちに引き立てられた春信は、一町絵師を超えて教養豊かな絵師に成長した。

木版多色摺りの技法

多色摺りでは、基本は、使う色の数だけ版木を作る。その版木に絵の具を載せ（絵の具は植物や鉱物など天然素材が中心）、刷毛《はけ》で絵の具を広げ、その上から紙を載せて、馬連《ばれん》で紙を押さえつけながら色を摺り込んでいく。一色分を摺り終えると、次の絵の具を版木に載せ、また同じ工程で紙に摺り込んでいく。これを色ごとに繰り返す。

版木の上に紙を載せる際、紙が載せるべき位置から少しでもずれると、着色がずれてしまう。それを防ぐために中国では版木に見当《けんとう》と呼ばれる目印の点を作って紙を置いた。見当は正確に摺りを重ねるための画期的な技法だった。

版画研究家の河野実によると、明（一三六八～一六四四）末の中国版画にはすでに見当の痕跡が見られるという。多色摺りを目指していた春信にとって見当は必須の技法であり、彼もどこかでその技法を見聞きしていたに違いない。多色摺りの木版画技法と優れた絵師の出現で、いよいよ浮世絵が世に出る条件は揃った。

3　浮世絵における絵師、彫師、摺師、和紙

下絵から、彫り、摺りへ

多色摺り木版による浮世絵の制作法は独特であり、一般的な絵画制作のイメージとはま

ったく異なる。浮世絵では、普通の絵画のように絵師が筆を取って完成まで描くことはない。

浮世絵師の仕事は、紙に墨で描いた下絵（版下絵）を彫師に渡し、どの箇所にどんな色を使うかという指示を出すところでいったんは終わる。彫師は、下絵を裏返しにして版木に糊付けし、下絵の線に沿って紙ごと小刀で彫り、主版《おもはん》（または墨版《すみはん》）と呼ばれる版木が出来上がる。先述のように、彫師は使う色の数だけ版木を作り、その後、摺師によって紙に色が摺られる。

浮世絵作品の良否と切り離せない彫りや摺りの技法は、日本が独自に発達させた。浮世絵の木版形式は江戸の大衆社会が考え出した見事な技法であり、世界の美術史にも類を見ないものだった。

昭和五年（一九三〇）に六十八歳で亡くなった樋口二葉の遺稿『浮世絵と板画の研究』は、浮世絵の最盛期である江戸時代の下絵や彫り、摺りの技法を知る上で極めて貴重な本である。

樋口は出身が浮世絵師で、のちに新聞記者・物書きに転じたという変わった経歴の持ち主だった。著書は浮世絵に関する文献、自身の体験、江戸時代に浮世絵の仕事をしていた関係者から得た知識などで構成される。江戸の浮世絵の当事者ともいえる立場からの言葉は極めて興味深い。

少し長くなるが、制作側から見た江戸の浮世絵が出来上がるまでの実態を、樋口の遺稿をもとにお伝えしたい。樋口は文中で江戸時代の浮世絵制作をぜひとも「尋ぬべき道」としながら、この頃（明治・大正時代）すでに解明できないことがあったとも書いている。

画工（絵師）は人気稼業

本ではまずは絵師の仕事ぶりが紹介される。樋口は絵師を画工と呼ぶ。それが往時の呼び方だった。

樋口は、江戸時代から明治に至る画工の人名は大田南畝などが著した『浮世絵類考』には一千二百二十六人とあるが、その中で役者似顔絵が描けた者は五十余人に過ぎなかったであろうと考える。

春信や歌麿のような天才たちをランク付けするのも恐れ多いが、往時に活躍したであろう江戸の浮世絵師たちの数から考えると、「役者似顔絵が描けたもの五十余人」というのは極めて少数である。江戸時代に一流の浮世絵師と認められるのは難しかったのである。

また、樋口は一流とまでは呼ばれなくとも、画工と認められるようになったら喰いっぱぐれはなかったとも言う。江戸の若者の間では浮世絵師になりたいという願望が広まっていた。武家の次男、三男たちも浮世絵師匠に弟子入りしたというから、浮世絵師稼業は広く人気があったこともうかがえる。

彫工（彫師）の仕事

画工（絵師）が彫師に渡す絵は下絵と呼ばれ、墨線だけの絵だった。

樋口は彫工（彫師）が画工の下絵を「勝手に刀の頭尖《あたまさき》で直すなんかは僭越だ、其様ことをしたら絵は滅茶くに成って、画工の丹精は何処かへ飛去って、精神の脱げた残骸が彫揚げられる迄である。然れば彫工は何処までも忠実に下絵通り、一筆一線も疎かにせず克明に彫らねばならない」と彫工の立場と役割を説明している。

一方で彫師の拙劣により、「水際の立た女なら愛嬌の滴るやうなものに成り、又寝惚けたやうな愛嬌も何もないギスくした女ともなり（中略）勇ましい武者物の絵ならば、百万の兵を睨み返す勢ひも出れば腰を抜かしてヒョロく武者とも成り、画工の絵を彫り生かすのも殺すのも、皆頭尖にある」として、彫工が重大な責任を持っていることを指摘する。そのために画工は自分の下絵に慣れた彫工を推挙して自己の表現に努めていた。

樋口の調べによると、鈴木春信の頃から寛政年間（十八世紀末）の歌川豊春《うたがわとよはる》の頃まで、一人の浮世絵師の彫りは一人の彫工が担当した。そして、寛政から享和（十九世紀初め）

に移った頃には、彫工の仕事はさらに頭彫《かしらぼり》（顔や手足など最重要部分の彫りを担当）と胴彫《どうぼり》（胴体や着物などの彫りを担当）の二つに分かれていた。

浮世絵は、画工（絵師）と版元（出版社）の名のみが摺られているのが普通で、仮に彫工の名が摺られていたとしても、それは頭彫だけだったという。

浮世絵の画工＝浮世絵師は人気者であった反面、厳しい評価があったのはわかるが、彫師も部位ごとに分業化され、それによって扱いが異なるなど厳しい評価の下にあったことがわかる。

摺工（摺師）の仕事

樋口は、「摺法を細別すると数え尽くせない」とし、「画工の筆も能く写しがたい趣《おもむき》を、目前にありありと現示して往々人を驚嘆せしめる」「筆と刀が錦絵の土台たるは云うまでも無いが、錦絵をして百年の後真価を保持するは摺法の如何にある」と記し、摺工（摺師）の役割も高く評価する。

摺工の持つ技法は多様だった。まず「摺り抜き技法」。違う色でもそれぞれの色が画面上離れていたら、一枚の版木に塗り分け、一回摺りで二色出した。また、一枚の版木に色を塗り直す二度摺り、条件によっては五度摺りもあり、一枚の版木で何色も出した。

藍による「重ね摺り」という技法もある。濃さの違う藍を摺り重ね、画面に藍の立体感を出すことができた。

彫工、摺工たちの多大な貢献

樋口は、画工、彫工、摺工の仕事を、次のように総括した。

「錦絵では筆は木版となり、木版上の画は摺工の手を煩わして紙に移るもので、画工から三代を経て始（初）めて世に出るのだから、他とは大いに趣を異にしている。三者の妙手が協同して然る後初めて錦絵ができるのに、往時この種の絵を軽視したので、画工の伝すら他の諸派に比べて詳らかでない。殊に彫工・摺工に至っては妙手良工の名も知れない。今では茫乎《ぼうこ》として尋ぬべき道も絶えんとして居るのだ」

「画と彫と相俟って始（初）めて板画の趣味を出すに至るのだから、決してその効果を画工の壟断《ろうだん》に委《まか》すべきものでない。然るに彫工の効は埋没されて板画の誉《ほまれ》は画工に奪われている。彫工にして然りであるから、画工との間に一物挟《はさ》まって居る摺工に至っては一層はなはだしい」。「間に一物」とは俗っぽい表現だが、摺師は版木の画を直接どうこうするのではなく、上に置いた和紙に摺る役割であることを言ったと思われる。

樋口は、彫工や摺工の多くは素養もない職人、熊公・八公で、名工と呼ばれた人であっても口伝えさえ残っていないと言う。樋口の熊公・八公という乱暴な言葉の裏には、同じ江戸っ子だった樋口の彫工・摺工たちへの深い愛情が感じられる。

樋口の紹介する浮世絵の制作工程からは、浮世絵という日本絵画の持つ独特な芸術性が見えてくる。浮世絵は画工一人だけのものではなく、彫工・摺工たちも西洋絵画にはないやり方で浮世絵に芸術性を付け加え、作品を一層の高みに押し上げる役割を果たしていたのである。

4　浮世絵に多様な美をもたらした和紙

和紙は浮世絵の美そのもの

浮世絵では制作段階ごとに違う種類の和紙が必要だった。下絵を描く時に日本画の絵師が使っていたような宣紙を使うと、版木に張り付ける時にどうしても縮み皺ができる。版木に張るには皺や縮みの出ない和紙の美濃紙がよかった。

摺師にとって、色摺りのために紙を版木に載せる作業は一瞬も気が抜けなかった。見当を頼りに紙を寸分違わずに載せなければ絵師の仕事は台無しになり、下絵は紙屑となる。和紙が発揮する何百回もの摺りに耐える強さは、浮世絵の彩色を豊かにするための基本条件だった。

和紙には他に利用できる特質がいくつもあった。中でも春信は和紙ならではの質感を利用することに巧みであり、彩色浮世絵の先駆者として数々の名作を残した。

色摺りの済んだ絵を専用の彫りの深い板（極板《きめいた》）の上に載せて圧力をかけ、女性の胸のふくらみや雪の積もった様子などを立体的に表現する「きめ出し」（肉摺り）。版木に絵の具をつけずに摺ることで紙面に凹凸を浮かび上がらせ、着衣の襞《ひだ》や地模様などを表現する「空摺り」などがあった。

きめ出しや空摺りでは、紙が適度に柔らかく厚いことが絶対条件である。春信は、雪がこんこんと降る中、若い男女が相合傘で寄り添い歩く姿を描いた「雪中《せきちゅう》相合傘」で、男女の着物の模様の質感を空摺りを用いて繊細に表現し、地面に積もる雪のふんわり感をきめ出しで表した。和紙も着物のような繊細な質感を持ち、雪のようにふんわりと柔らかく白い。和紙は浮世絵の美そのものになったのである。

春信の錦絵の五つの特長と和紙

春信を早くから評価するなど、日本の浮世絵研究に大きな成果を上げた美術史家の小林忠は、自著の春信研究書の中で錦絵の特長を次の五つにまとめている。

一、華やかなで充実感のある色調
二、空摺りなどによる水流模様や女性の肉体、積雪の膨らみ
三、錦絵の寸法を厚手奉書用紙の大きさに統一
四、中判浮世絵の細緻な画面空間
五、塗り潰しや余白の効果による現実感の増大

改めて読むと、五つの特長のすべてが和紙との関連性を抜きには考えられない。春信の浮世絵は和紙とともにあったのである。

5　浮世絵を生み育てた江戸の世

浮世絵の値段、和紙の値段

浮世絵の需要に応えるには、和紙は質とともに量も欠かせない。江戸時代、日本以外で質の良い楮を産出し、大量の楮紙を生産している国はなかった。

江戸の庶民が買ったり地方の武士や旅人が江戸の土産にしたような浮世絵には、全国の和紙産地から運ばれてきた一般的な楮紙が使われた。一方、奉書紙などを使った浮世絵はそれなりに高価だった。江戸時代の紙のカタログである『新撰紙鑑』には、定評のある高級浮世絵用の紙として越前五箇の大奉書・中奉書や、伊予《いよ》（愛媛）で漉いた柾《まさ》奉書などを紹介している。

越前五箇で漉かれた越前奉書は厚みがあって強く白くふんわりとしていて、浮世絵用の最高級品とされた。寛政二年（一七九〇）の古文書によると、浮世絵に最高とされた越前大奉書十帖（四百八十枚）は運送費込みで銀六十五匁八分（金一両ほどに相当。江戸時代中〜後期の金一両は銀六十匁）。これは紙問屋への卸値であり、小売り値はむろん、これより高値だったはずである。

越前五箇が取引する江戸の紙問屋は五軒と決まっていて、その中には唯一今も日本橋で和紙を商う小津《おづ》家の名前が見られる。しかし残念なことに、小津家の古文書類は明暦《めいれき》の大火や関東大震災などですべて失われ、問屋から先の小売価格を特定することは難しい。名の通った絵師が描いた人気の浮世絵は随分と値がよかった。春信の錦絵は一枚が銀一匁で、代表作の一つ「座敷八景《ざしきはっけい》」は八枚揃いの桐箱入りで金一分（一両の四分の一）したという研究もある。

浮世絵は庶民のものとはいいながら、最上級紙を使った浮世絵はかなり高額だったと思われるが、一般的には全国各地で産出する普通の安い和紙も使ったから、値は安く済んだ。

江戸時代の庶民は浮世絵のパトロン

世界中の国々と同じように、日本の様々な芸術活動も、宮廷や貴族、宗教界に始まり、諸国の大名、有力商人たちが庇護者になってきた歴史が長い。一方、江戸時代の浮世絵は庶民がパトロンだった。

幕末になると、物価上昇から庶民の生活が厳しくなり、幕府は世の中を落ち着かせるためか浮世絵一枚の値段を十六文に決めたことがあった。浮世絵はかけ蕎麦一杯と同じといわれた所以である。為政者が市販の絵の値段を決めた国など聞いたこともないが、浮世絵がそれだけ社会的に影響力のある存在だったとも考えられる。

庶民たちは本当に浮世絵のパトロン役などを果たしていたのだろうか。江戸後期の戯作《げさく》者・式亭三馬《しきていさんば》が書いた『浮世風呂《うきよぶろ》』には、子供同士が湯屋で当代一流の人気浮世絵師・歌川豊国の浮世絵の出来栄えをあれこれと批評する場面が登場する。所は江戸市中の湯屋の脱衣場である。

幸という子が腕白者の鉄《てつ》という子に錦絵をあげる。錦絵をもらった鉄は、「幸さんおかたじけ」と礼を言った後、「こいつア能《よい》のう、豊国だよ。威勢が能ぜへ。なア又公《またこう》」と、又という子に同意を求め、それに対して又は、「ムヽ、此《この》源之助は能く書いたのう。おいらが所じゃアの、皆がの、源之助が贔屓だからの、お屋敷へもの、上方へもの、源之助の絵斗《ばかりこう》買て上るよ」と応える。

源之助とは当代人気の歌舞伎役者で、式亭三馬も大ファンであり、三馬が『浮世風呂』に源之助を登場させたのはそのせいだともいわれている。

式亭三馬は鋭敏な観察眼で世相を描写するのが真骨頂の作家だった。源之助登場の理由の真偽は別として、『浮世風呂』では浮世絵を身近に受け入れていた江戸っ子たちが生き生きと描かれていた。

浮世絵の隆盛による悪影響を恐れた幕府は、口実を設けて浮世絵の絵師や版元への取り締まりを強化した。庶民たちはそれらをかい潜り姿を変えながらも、次々と出版されるいろいろな浮世絵を楽しんだ。『浮世風呂』の中の江戸っ子に限らず、全国の無数の名もなき庶民たちは浮世絵のパトロンとして、それぞれに役割を果たし人生を充実させていた。

幕末頃から日本を訪れる西洋の役人や文化人などが増えた。彼らは日本について研究し多様な報告書を本国に送ったが、日本の庶民の生活やその中にある豊かな芸術性には惜しみない賛辞を送った。

間もなく浮世絵が彼らの本国で「世界を驚かすような芸術」と言われたように、江戸時代の日本は他国にないような生活と文化を持つ国だった。

浮世絵を生んだ「逝きし世」の日本

歴史研究家の渡辺京二が著した『逝きし世の面影』では、江戸末期から明治にかけての日本の「逝きし世」を訪れた多種多様な西洋人たちの見た日本の姿が、彼らの日記や著書を引用する形で描かれている。

内容は当時の日本の政治や宗教など多岐にわたるが、中の一章「雑多と充溢《じゅういつ》」には日本人の生活と、周りにある品々についての訪日外国人たちの見聞が紹介されている。文久三年（一八六三）にスイスの遣日使節団長として訪日したA・アンベールの言葉。

「江戸の商人街の店頭に陳列された工芸品は、誰が何といおうと自分はそれを『よき趣味』と呼びたい。江戸の職人は真の芸術家である。種子屋で売っている包みには、種子の名前と共にその植物の彩色画が描かれている。これらの絵は何か日本の植物誌のような冊子から写し取られたかと思われるほどの小傑作である」

明治時代に津田梅子に英語教師として日本に招かれたアリス・ベーコンの言葉。

「安い版画、ありふれた湯呑みと急須、農家の台所で火にかけられる大きな鉄瓶、こういったものがすべて、大名の蔵をみたしている高価な縮緬や、銀の線香立てや、精妙な磁器や最も優美な漆器と同様に、それぞれにきれいで趣味がよい」

外国人たちは和紙が日本人にとって重要な役割を果たしていたことを見過ごさなかった。安政五年（一八五八）に日英修好通商条約の締結のために来日したエルギン卿遣日使節団員のS・オズボーンの言葉。

「この勤勉かつ趣味のよい人びとの手によって、装飾・実用の両面で、紙が多様に用いられているのを見るのはおどろきだ。わが国の紙張り子製造業者は、江戸へ行って紙を使ってどんなことができるか学ぶべきだ」

明治十一年（一八七八）に来日したイギリス人の旅行家イザベラ・バードは『日本奥地紀行』で、店に紙や紙製品があふれていることに目を止めていた。

「紙傘の店、紙の雨合羽や包み紙の店、屏風屋、扇屋、提灯屋、行灯屋、筆だけを売る店、硯箱しか売らない店、もちろん本屋もある。紙を売る店の多いことといったら」

外国人たちの言葉はそのまま、浮世絵制作の彫師や摺師、和紙を漉いていた職人たち、浮世絵を愛していた江戸の庶民たちの姿や暮らしに当てはまる。「逝きし世」に生きた庶民たちは、間違いなく西洋の優れた見識を持つ人々をも驚かせる力を持っていたのである。

日本に長く滞在したアメリカの動物学者E・S・モースは日本の庶民レベルでの良き趣味の普及こそが、職人が芸術家的意欲を保持している原因と見なした。

「遠隔の小さな町や村に素晴らしい芸術的香りの高い彫刻のデザインを考え、これを彫る能力を持った工芸家がいる。たんに年季奉公をつとめあげたのではなく仕事を覚えたのであって、自由な気持ちで働いている。日本人は芸術的意匠と、その見事な出来栄えを称揚することができる人びと」だったのである。

浮世絵に話を戻すと、江戸の社会では誰もが当たり前のように芸術に囲まれて暮らしていたのであり、そうした背景のもと、庶民をパトロンにした浮世絵文化が生まれたのだった。世界の識者たちの見た江戸時代の日本の庶民や職人たちは、間違いなく芸術を愛し、創り出す能力を持っていたのである。

モースやバードの来日から半世紀ほどのちの一九二〇年代、柳宗悦《やなぎむねよし》は、白樺派の文化人たちを中心にした民藝運動を興した。彼にとって和紙はお気に入りの民藝品の一つだった。しかし、柳の作った民藝という言葉は民衆的藝術の略で、彼はモースたちとは違い、民藝に携わる職人（民衆）たちの創造性を一切認めようとしなかった。それは近年になって鋭く批判されることになるのである。

『逝きし世の面影』に登場する外国人たちが日本を見聞して報告書を書いたのは、ヨーロッパに浮世絵の情報が広がり、ジャポニズムが爆発する少し前のことだった。もし彼らが西欧世界で広まった浮世絵についてのセンセーショナルなニュースを知っていたら、和紙についての記述は一段と詳しくなっていたかもしれない。

和紙は、江戸の世の浮世絵に参加し何かとお役に立てたおかげで、世界中の人々の目にも留まり、改めて己の役割の大きさを知ることとなった。誕生して以来の長い歴史を通して、ついに和紙はこの上ない本懐を遂げたのである。

第十章

和紙の里・越前の文明開化

1　黒子たちの故郷、越前

千五百年、和紙を作り続けてきた越前五箇

福井県越前市にある五箇地区の紙漉きは古墳時代（三世紀後半〜七世紀頃）に始まったと推定される。以来、約千五百年、五箇では営々と和紙作りが続けられてきた。

和紙作りには清らかな水と空気が欠かせない。五箇地区は越前市の中心部から東に十キロ弱のところにある山里である。今は多くの観光客が訪れる和紙の里として知られるようになった。

五箇の和紙産業は日本一の生産を誇るが、一人で手漉きをする工房から大規模設備で大量に機械抄きをする会社組織の工場まで、生産形態は様々である。千五百年もの長きにわたって多様な手法で様々な種類の紙を作り続け、世の中に役立ってきた地区は世界でも珍しいのではないだろうか。

越前五箇は、どのようにして貴重な紙漉きの伝統を守り続けてきたのだろうか。

敦賀湾に流れ着いた渡来人

古代においては、文明の進んだ大陸や朝鮮半島に面する日本海側が日本の表玄関であり、海を渡ってくる渡来人たちのもたらす大陸文明の受け入れ地だった。中でも福井県の敦賀湾一帯は、多くの渡来人がやってきた。

越前の郷土史研究家である斎藤岩男は、古墳時代に日本を目指した渡来人たちにとって、若狭湾の奥にある敦賀は潮に乗りやすい安全な渡航地だったと推定する。敦賀に上陸して北に向かった渡来人たちは、眼下に福井県中央部にあたる武生盆地を見ることになる。斎藤は、当時の武生盆地は平野が広がり湖水も多く、暮らしやすい豊かな土地だったと考えている。

近年、福井県全体での発掘調査で見つかった三千基の古墳のうちの一千基は、武生盆地にあった。武生盆地の一帯には非常に栄えた古墳時代があったのである。

2　越前で和紙作りが栄えた背景

越前にあった良質な軟水と原料植物

渡来人の集団は武生盆地一帯に住み着いたと考えられ、紙祖神を祀る神社や地名、川などに、渡来人の痕跡を数多く見ることができる。

武生盆地の集落の中でも越前五箇のあたりはすぐ近くに深い山が迫り、紙漉きに欠かせない良質の軟水が豊かである。原料となる楮や雁皮などの植物にも恵まれていた。雁皮は、中国大陸や朝鮮半島にはない日本独特の製紙原料であり、薄い紙を漉くのに適していた。

当時、最先端の技術を持つ渡来人は紙漉き技術も持っていたと考えられる。彼らは雁皮で紙漉きを試み、これまでにない薄さで美しく滑らかで上等な紙ができることを知り、歓喜したに違いない。

仏教信仰のための紙漉き

しかし、紙漉きは実は特殊な産業である。食料や衣類などに比べ、紙は人間の生存に必須のものではない。何らかの理由で文字を書く必要がなければ、紙生産に注力することもない。

渡来人たちの紙漉きの技術力も、使われるためにはそれなりの理由がなければならない。五箇が紙漉き地として早くから発展したのは、武生盆地に定着した渡来人たちが仏教を信仰していたからだと考えられる。全国各地の古墳にある渡来人たちの墓から仏教信仰を示す埋蔵品が発見されているが、仏教信仰の印は越前の古墳においても見られた。

武生盆地で暮らした渡来人たちは自分たちの家の信仰のために経典が必要であり、その制作のために紙漉き技術を用いたと考えられる。

越前を治める豪族が天皇になる

渡来人たちが自分たちのために紙を作り、使っていたのに続いて、第一章で述べたように五世紀の履中天皇は国内統治に紙の文書を用いたと推定される。古墳時代の紙の最大の利用者は国家権力者だった。

『日本書紀』によると、第十五代の応神天皇の五世の孫とされる男大迹尊《おほどのみこと》は五世紀末頃の越前を治める地方豪族だった。男大迹尊は五〇七年、武烈《ぶれつ》天皇没後に後継ぎがいなかったため中央に迎え入れられ第二十六代天皇に即位した（即位後の名は継体天皇）。

国造りを始めた継体天皇にとって、紙の文書は統治手段として不可欠であり、膨大な紙の需要に追われたと考えられる。天皇の出身地の越前は紙の需要を賄う上で都合の良い場所だったはずである。五箇としても中央政権と深い人的つながりを得ることができ、紙漉き地として有利な条件を手にしたと思われる。

越前と中央の地理関係

越前は、中央政府があり名だたる寺院の多い奈良や、京都（山背、山城）と距離的に近いという条件にも恵まれていた。

越前を南に下がると、ほどなく琵琶湖の北端に出る。その後、船を使えば滋賀の大津までたどり着くのは容易で、そこから奈良や京都はほんの一またぎといえる距離にある。越前は、紙産業の発展に好条件を備えていた。

ちなみに、今も紙漉き産地として有名な岐阜県の美濃地方は、北の方にある峠を一つ越えると越前に出る。国鉄時代には双方を結ぶ路線の建設計画があったという。双方は人的交流もあり、古くから紙漉き技術を共有していたのではないだろうか。美濃もまた中央政権や寺院とのつながりや地理的条件に恵まれており、それにより紙漉き産業が発達したと考えられる。

紙漉きは古代の一大産業だった。日本で最初に紙と関わりがあった地は、古くから大陸と交流のあった九州北部のはずであり、そこに最大の紙漉き地が発達してもよかった。しかし、九州は中央政権から遠く、奈良や京都ほどの大寺院もなかったため、紙漉きの大産地にはならなかったと考えられる。

3　「江戸の賑わい」だった越前五箇

越前五箇では長い紙漉きの歴史を通して、楮を原料にした高級な奉書紙をはじめ、様々な種類の紙を作った。五箇は鳥の子紙の特産地でもあった。雁皮が原料の鳥の子紙は薄く、かつ強い。鳥の子紙は十七世紀オランダの画家レンブラントが版画に用いるなど、西洋にも知られた紙だった。

五箇では、平安時代すでに高度な紙漉き技術を用いた装飾料紙作りも行われていた。また、江戸時代、全国で初めて藩札を作り、藩内に流通させたのは、福井藩だった。

江戸時代の五箇は山里にありながら、小江戸と呼ばれるような羽振りの良さを謳歌した。五箇の紙漉きは収入が良いのが相場で、五箇の人々にとって山里である自分たちの村が江戸のように賑わっていることが誇りだった。

4　明治維新と和紙の危機

洋紙の登場

奈良時代の仏教による文明開化では、和紙は写経用紙や紙巻筆などの形で決定的な役割を果たした。鎌倉室町時代の二度目の文明開化でも、水墨画などにおいて紙の役割は重要だった。では、三回目の明治の文明開化ではどうだったか。

新時代を迎え、紙にはなすべき仕事が急増した。新知識普及のための本や雑誌、激動する社会を知るための新聞、義務教育のための国定教科書など、和紙は引っ張りだこだった。しかし、次々と発生するそれらの大仕事は、明治の中頃になると均質の紙を安く速く大量生産できる洋紙が受け持つことになったのである。

西洋の紙作りも、元はといえば同じ中国生まれのはずだったが、いつの間にか東と西ではまったく違ったものになっていた。洋紙は材木を粉砕したパルプを使い、手漉きではなく機械で抄くなど、和紙とはまるで違う工業製品だった。紙は高速の機械印刷にも適合しなければならなかったが、和紙は機械に通すと毛羽立って使えなかった。

もともと開化とは、仏教用語で「教え導く」の意である。奈良時代や鎌倉室町時代の文明開化は、開化の本来の意味にふさわしく、仏教文明の力で世の中が大いに教え導かれた。一方、明治の文明開化では、皮肉にも本来の意味とは真逆の出来事が起こった。日本中で大がかりな仏教排斥（廃仏毀釈）が起こったのである。

越前五箇に限らず、日本の大基幹産業だった和紙生産は、新しい西洋式の文明開化の矢面に立たされ、存亡の危機に晒された。

越前和紙を用いた太政官札の発行

明治元年（一八六八）五月の新政府による太政官札発行は、和紙の活躍を後押しする出来事だった。

江戸時代の福井藩には、他藩に先駆けて越前和紙による藩札発行の実績があった。山里にある五箇地区は通貨発行に伴う機密を管理しやすいこともあり、新政権は越前和紙を太政官札の用紙に採用した。完成した太政官札を見た英国公使パークスは、その強度に驚いたという。

五箇は太政官札景気に沸いた。しかし、江戸時代の平和な藩内では通用しても、激動さなかの日本全土を相手にするのは困難だった。しばらくすると、贋《にせ》の太政官札が出回り始め、明治三年（一八七〇）四月、通貨統制に苦しむ新政府は五箇への発注をストップした。五箇の村々の灯火は束の間ものとなってしまった。

福井藩出身の新政府高官・由利《ゆり》公正《きみまさ》の建議により明治元年(1868) 5月に発行された太政官札。日本初の全国流通紙幣で、10両・5両・1両・1分・1朱の5種がある。江戸時代にいち早く藩札を発行した実績のある越前五箇で製造され、五箇は久しぶりの好景気に沸いた。

（福井市立郷土歴史博物館蔵）

新紙幣発行に寄与した越前の七人

自国の手による通貨発行は国家の権威と自立の象徴である。明治三年（一八七〇）、新政府は文明先進国のドイツに新紙幣製造を依頼し（ゲルマン紙幣。明治五年発行）、太政官札と交換する形で通貨不安を収拾に向かわせる一方、自国での機械印刷による紙幣発行を目指すことになったのである。

自国発行とはいっても、機械設備は輸入し、技師、紙幣のデザインなどは高額で雇った外国人に依頼した。その一方で、日本人がこれまで使ってきた強くて美しく張りのある和紙は捨て難く、紙幣用紙は国内で調達することに決まった。

和紙に日本の命運がかけられた。手漉き和紙は機械印刷に向かないことは学習済みだった。しかし、用紙を国内に求める以上、和紙作りに精通した人材は欠かせない。明治八年（一八七五）、越前五箇の七人のベテラン紙漉きが新政府の求めに応じて東京の大蔵省印刷局抄紙部に出向いた。

越前はもちろん、どこの和紙産地でも紙漉きの技術は門外不出だった。越前五箇の七人の紙漉きたちは、そんな中、新政府の紙幣作りに参加したのである。公には大義名分の立つことだったが、越前五箇としても個人としても複雑な思いがあったに違いない。

和紙にとっては久しぶりの国益に関わる大仕事だったが、越前の七人に求められたのは従来の和紙を作ることではなかった。目指すべき紙は、機械抄きと機械印刷を前提とし、偽造されず、長期使用に耐えられる、そして手触りが良く美しいなど、紙幣用紙としての必要条件をすべて満たすものでなければならなかった。

日本全国から考えられる限りの原料植物が集められ、試された。明治八年、ついに完成したのは、三椏を主な原料とした、和紙の良さを生かしながらも、機械抄きや機械印刷にも対応する素晴らしい上質紙だった。

開発された紙は造幣局にちなみ局紙《きょくし》と名付けられ、紙幣や証券に用いられた。局紙は、明治十一年（一八七八）にパリ万国博覧会に出品されて高く評価され、世界的に知られるようになった。和紙は幾度目かの国の大仕事を見事に果たしたのである。

印刷局は越前和紙の労を報いるかのように、大正十二年（一九二三）に越前五箇の「岡太神社・大瀧神社」からご神体の分祀を受け、東京王子の印刷工場に川上御前を祀る社《やしろ》を安置した。しかし、第二次世界大戦後、占領軍の神道排斥によって王子工場の社は取り除かれた。和紙としては無念なことだった。

「和紙化する洋紙」の脅威

文明開化の流れは止まるところを知らなかった。和紙の上質さや用途の広さ、便利さ、紙自体が優美・繊細で芸術性にあふれていること、時には国家立て直しの立役者になったこと等々、これまでのすべての活躍ぶりも忘れ去られたかのようだった。

明治末の時点で、紙の使用量は明治初期に比べ二万倍近くにまでなっていた。しかし、和紙は紙幣用途などの一部を除き、新時代の需要増の波に思うようには乗れていなかった。

明治の中頃には海外から新種の洋紙が大量に押し寄せた。それは、パルプを原料とした機械抄きの紙にもかかわらず、和紙のような見かけを持つ恐るべき洋紙だった。その中には、何と「鳥の子紙風」や「奉書紙風」のものまであった。これらの紙は、日本製の雁皮紙や楮紙のような高尚さや優美さ、耐久性などには欠けていたとはいえ、量も品揃えも豊富で、価格ははるかに安かった。

約千五百年も変わらなかった越前五箇の紙産業は御一新後のわずかの間に大激変し、和紙と新参の洋紙との間で主客が転倒した。

5　新時代を拓いた越前和紙

越前五箇の近代化

少しずつだったが、五箇側も新時代への対応を始めた。明治十八年（一八八五）には上京して理化学の知識を学んだ青年が現れ、新しい薬品を使って紙漉き能率を良くした手漉改良紙の制作に成功した。五箇の紙漉き作業は近代的な工場方式に変わり、働き方も近代化に向かった。

手漉き和紙のサイズも徐々に大きくなり、襖には一枚で張れる大サイズの紙を漉く方法が開発され評判を呼んだ。それまでは一枚の襖に四枚の襖紙が必要だった。明治の中頃には洋紙のような光沢を持つ和紙も開発され、米国に輸出された。

また、日本独特の薄くて強い鳥の子紙は謄写版印刷（ガリ版印刷）に好適で、海外に輸出された。謄写版印刷は、十九世紀末に開発された、版に穴をあけて上からインクを通すことで紙に転写する簡易で優れた印刷方法で、和紙にとっては久々に迎えた活躍の舞台だった。

五箇に初めて本格的な製紙機械を使う和紙生産の工場ができたのは、明治四十年代である。安価で大量に手に入る木材パルプと和紙原料を一定の割合で混ぜ、新しいタイプの和紙として販路開発に成功した。越前五箇が和紙産地として生き残るための努力は少しずつ実を結んでいった。

越前和紙の生きる道を拓いた二軒の岩野家

越前五箇には二軒の岩野家がある。明治十一年生まれの初代岩野平三郎（一八七八〜一九六〇）は本家筋で、「紙漉きの鬼」ともいわれた。激動の五箇に新しい越前和紙の道を切り拓いた人だった。

初代平三郎は紙漉き道具の改良などで地域の発展に尽くした。また、東洋史学者の教えを受け、天平時代の麻紙を手本に、手漉きで雲肌麻紙（麻と楮を原料に漉かれた厚みのある丈夫な和紙。繊維が絡まって紙の表面が雲肌のように見えることから名付けられた）を作り出した。雲肌麻紙は横山大観・竹内栖鳳《たけうちせいほう》など日本画の巨匠たちから強い支持を得て、平三郎は越前五箇中興の祖といわれた。

紙を依頼した日本画の巨匠たちと平三郎が交わした数多くの往復書簡からは、互いに心を通わせながら新しい日本画を目指していた様子が伝わる。雲肌麻紙は現代の日本画家たちにとって欠かせない紙となった。

もう一軒の岩野家、分家の岩野市兵衛家は平三郎の勧めに従い、本家とは少し違う道を歩んだ。八代目の岩野市兵衛（一九〇一～一九七六）はトロロアオイと楮だけを使う、昔ながらの五箇和紙の伝統を守った越前奉書の手漉きに専念したのである。

昭和四十三年（一九六八）、五箇和紙に関わる人々が長年積み重ねてきた努力に花が開いた。八代目市兵衛が紙漉きとして初めて人間国宝に認定されたのである。八代目の越前奉書は気品があって美しく、ピカソが版画用紙として愛用した。何百回もの摺りに耐え、紙の伸縮によるずれがなく、年数が経っても色彩が冴えるなど強靭で見事な地合いの奉書紙だった。

八代目が亡くなった二十四年後の平成十二年（二〇〇〇）、息子の九代目市兵衛が同じく越前奉書で人間国宝の認定を受けた。

九代目市兵衛の紙は主に木版画に使われている。彼の漉いた奉書紙を木版摺りに使うと、何百枚でもまったく同じ品質に摺り上がる。和紙漉きは材料もその扱いも微妙で複雑な手作業であることを考えると、九代目の紙漉きは神業としか言いようがない。

越前和紙、世界へ躍り出る

和紙作りを全面破壊するかに見えた明治の文明開化から一世紀以上が過ぎた。この間、国内産業に占める和紙の割合は当然のように激減した。和紙に限らず日本の伝統といわれるモノやコトすべてに押し寄せた荒波であり、それを乗り超えて生き続けるには様々な努力が必要だった。

五箇和紙の場合、機械化・量産化と昔ながらの手漉きの両方で越前和紙の存続を図ってきた。実のところ、機械抄き和紙の大量生産のためのある程度まとまった量の楮を発注しなければ、対応してくれる農家がいなくなり、良質な楮を大量に入手できなくなる。

一方、手漉きの越前和紙は特別な価値を持っていた。手漉き和紙は越前全体のブランドであり、機械生産の越前和紙も手漉き和紙ブランドの恩恵を受ける。手漉き仕事だけでは楮の消費量が少なく農家の経営は成り立たないが、機械生産和紙の大量注文で楮農家が安心して栽培してくれることで、手漉き和紙分の原料を確保できるのである。五箇は機械抄きと手漉きの両方をうまく併存させることで越前和紙を維持してきたといえる。

平成七年（一九九五）、越前五箇の岩野平三郎製紙所が開発した手漉きの雲肌麻紙を使った若き日本画家・千住博《せんじゅひろし》は、イタリアのベネチアで開催されたビエンナーレの絵画部門に出品し、輝かしい栄冠を受けた。

次章で詳述するが、千住の日本画作品は、一括りに画材と呼ばれてきた顔料や紙などの本質を深く掘り下げた中で制作されたものだった。彼の画期的な作品は日本画だけではなく世界の絵画史にとっても新しい一ページとなり、その中で和紙はまた一つ、時代にふさわしい新たな活躍の場を与えられたのである。

第十一章

現代人の心を包む和紙
～日本画家・千住博の雲肌麻紙～

1　日本画家・千住博と和紙

ビエンナーレで喝采を浴びた日本画家、千住博

　イタリアのベネチア・ビエンナーレは二年に一度開かれる絵画・音楽・建築などの国際的な美術の祭典として知られる。始まったのは十九世紀末の一八九五年で、世界で最も長い歴史を誇る美術展である。別名、美術のオリンピックともいわれる。

　日本画家・千住博は一九九五年の百周年記念ビエンナーレの絵画部門に出品し、東洋人初の名誉賞を受賞した。日本館の壁全面に広がる雲肌麻紙に、画面の上から下に絵具を流し落として滝を描く日本画「ザ・フォール（THE FALL）」は、百周年記念にふさわしい作品と評価されたのである。

　当時、国内の美術界には日本画を時代遅れとして、ビエンナーレへの日本画出展に反対する動きがあった。日本画の画材が表現力に劣るというのが反対根拠の一つで、雲肌麻紙にとってもベネチアは夢のまた夢のような舞台だった。千住は栄えある受賞によって日本画の存在と可能性を大いに高めたのである。

自然や大宇宙をモチーフにした千住作品は一見、難解である。日本画によくある花鳥画のような大衆受けする華やかなものではない。にもかかわらず、千住作品は年々国内外の様々な公的空間などに迎えられてきた。個人蔵の作品も多数あるという。

千住作品の多くは越前五箇の岩野平三郎製紙所で漉いた雲肌麻紙が使われている。壮大なスケールで描かれる滝に象徴される千住作品は、デジタル時代を生きる、いわばデジタル人と言うべき現代人の心を捉えた。和紙の立場から言わせていただくならば、雲肌麻紙はデジタル人の心を包んだのである。

千住博の鮮烈な米国デビュー

千住博は東京藝術大学で日本画を学んだ後、一九九三年に三十代半ばでアメリカに渡った。当時の情報環境は今とはまるで違っており、月遅れの美術雑誌を読むしかない日本で足踏みしていたくないと決心した結果だった。

アメリカでのデビュー作は火山の風景だった。ハワイ島のキラウエア火山に旅した時に見た四十六億年前の地球を彷彿とさせる作品、「フラットウォーター」である。

それは縦百七十六センチ×横八百四センチもの大作で、越前五箇の岩野平三郎製紙所で漉いた雲肌麻紙を十二枚使って描いた。雲肌麻紙の中の景色は、火山から海に流れ込んだ黒い溶岩と、空を覆う雨雲から落ちてきた水の作り出す、四十六億年前の天地創世の姿だった。

「フラットウォーター」は世界の巨匠たちの作品を扱うニューヨークの大画廊経営者マックスウェル・デビットソンの心を動かし、千住はアメリカ在住画家の登竜門であるデビットソンの画廊で個展を開くチャンスを手にした。

この個展は、予想をはるかに超えアメリカ中で大きな支持を得た。レセプションでは会場に入りきれない数百名もの招待客が外で列をなした。作品は掲載の競争率が千倍というニューヨークの権威ある美術誌「ギャラリー・ガイド」の表紙を飾り、全米ネットでテレビ中継された。千住はニューヨークの街中で「おめでとう」と握手を求められ、世界中の若い画家たちが抱く夢を現実のものにした。

紙も絵の具もすべて自然素材

千住が画商のデビットソンに初めて「フラットウォーター」を見せた時、デビットソンから予想もしない質問をされた。千住はデビットソンとのやり取りをこんな風に説明している。

「これは何だ？　と言うから、これは紙ですと。紙と言うと欧米では水彩用紙みたいなものを想像します。僕の絵も最初は水彩用紙かと思われていました。もしかしたら西洋社会が和紙の上に描かれた画を現代の絵画として見た、最初の瞬間だったのではないでしょうか」

デビッドソンは使われている絵の具にも興味を見せた。千住は岩絵の具（鉱石を砕いて作られた粒子状の日本の伝統絵具）で描いていたので天然の岩ですと答え、さらに動物から取った膠《にわか》を使って雲肌麻紙という和紙に定着させることを説明した。膠も岩絵の具も和紙もすべてナチュラル素材であり、洋紙のようにパルプや他の化学的な成分は一切入っていないことも伝えた。

デビッドソンは千住の画の作品性とともに、和紙や膠などの日本文化の伝統から生まれた画材にも大きな関心を払ったのである。

自然の摂理のまま描く

千住が二十代の頃の日本では、日本画や工芸というだけで、それは滅びゆく悪しき日本の伝統だと断じられるのが普通だった。

千住はアメリカに活動の拠点を移しながらも、ニューヨークで日本画家としてやっていけるとは当初は思っていなかったという。千住自身の中にも、日本画は世界では通用しないという認識が、少し刷り込まれていたのかもしれない。

ニューヨークでの成功はこの上なく誇らしいことだったが、千住にはそこに安住する気はなかった。彼はニューヨークデビュー後、自己を再確認するために、日本の歴史を振り返ることを始めた。

その中で学んだ松尾芭蕉の言う「造化《ぞうか》」は、自然の美や摂理の大事さを説いていた。紀貫之の言う「花実相兼」は、自然がいかに美しさに満ちているかを伝え、藤原定家は「心と詞《ことば》」を唱えて、作者の心のうちは適切な言葉を選んで表現されなければならないことを教えてくれたという。

千住は日本の伝統文化の巨人たちの言葉を胸にハワイ島で何気なくスケッチをしている時、視界にいくつもの滝が入ってきたという。

「すぐにはピンとこなかったんですがしばらくして待てよと。巨大な水がドーッと上から下へ流れ落ちしぶきが飛び散る。そこから伝わってくるものは、時空を超えた四十六億年を貫く自然の静けさでした。

この滝を何としても描きたいと。そこで絵の具をコップに入れて上から下に流してみたんです。そうすると滝をちまちま描くのではなくて、まさに私がこの目で見た滝と同じ巨大な水の流れが現れた。これは滝が滝を描くというか、私の絵の具と滝が一つになって、滝が滝を表現したということなんです」

千住はこの時、芭蕉の言う「造化」や、紀貫之の「花実相兼」の意味が理解できたという。それは自然の造化をそのまま表現することの大切さであり、同時にそれが自然の摂理にしたがって流れ落ちる滝の美しさを表現することに気づいたのである。日本を離れアメリカで生きることを選んだ千住にとって、ハワイ島の四十六億年前の自然を通して新しい自分の日本画が見えてきた瞬間だった。

2　絵の具を「流して」滝を描く

ベネチア・ビエンナーレの出展作品「ザ・フォール（THE FALL）」は縦三・四メートル×横十四メートルという超大作で、千住と同じく将来を期待された若き日の隈研吾《くまけんご》が設計した日本館の壁一面を埋め尽くした。

ベネチア・ビエンナーレでは開催までの時間的余裕を考え、出展画家は前年の夏に出品を依頼される。日本館の伊東順二コミッショナーから出展者に選出されたことを伝えられた千住は、伊東宛ての手紙で、世界を相手に出展する作品の内容と意義について熱く語っている。

「私の作品は滝ですが高さは天井すれすれで、幅も与えられたスペースぎりぎり位の、超大作一点ということでどうでしょうか。構成としては画面右側に『実』の白い滝、左側に一面の天然の焼群青（引用者注：群青に熱を加えて色をくすませたもの）により『虚』の空間の表出を試みます。

題名は『THE FALL』です。滝の意味ならば『THE FALLS』となりますが、『THE FALL』というのはアダムとイブが楽園を追放されたという意味です。すなわち『墜落』とも訳せましょうか。

この滝シリーズは、それ自体、絵の具を流しての『滝』なのであって、『滝の描写』ではありません。ここに絵画がイリュージョンから抜け出せなかった長い歴史に大きく展開を試みています。

また水に流れる日本画なる技法の正当性を受け継ぐものであり、テーマと技法と手段が完全に一致した実証として、日本画史に新たなページを開くものであると自負するものです」

受賞式当日、千住は会場のイタリア館で世界中のメディアから取材を受けた。それに対して千住は、「日本画の芸術としての可能性を私は実証した」「私は芭蕉や貫之のコンセプトを絵にしたに過ぎない」「インターナショナルなのは芭蕉であり貫之なんだ」「これが日本の文化なんだ」と繰り返した。

3　雲肌麻紙と日本画の真髄

羽田空港で人々を包み込む千住作品

二〇一〇年に開業した羽田空港の国際線ターミナルの入国審査場に至る壁面には、千住の描いた長大な滝が流れ落ちている。雲肌麻紙に描かれた縦二・五メートル×横十八メートルの「ウォーターシュライン（水の神社）」である。

千住は作品制作にあたって、羽田空港第2旅客ターミナルビルを設計したエール大学のシーザー・ペリから、「最も現代的な空港を作るので、貴方は人間の心の部分を担当してほしい」と依頼された。

国際空港は世界中の人々が行き交う場である。そこは、来日した外国人が最初に感じる日本であり、帰国した日本人にとっては祖国への第一歩である。そのような人々を迎えるものとして、千住は雲肌麻紙を使って水の神社である「ウォーターシュライン」を描いた。滝は美しくダイナミックな自然であると同時に、自然を崇拝する日本人にとっては信仰の対象でもある。千住の「ウォーターシュライン」には羽田空港の守り神となる願いが込められていた。日本人が滝の水に打たれて身を清めるように、「ウォーターシュライン」は空港にたどり着いたすべての人の身を清め、外のよくないものを日本に持ち込まないように防ぐのである。

国際空港は昼夜問わず人々を迎える。入国ターミナルにはジェット機の狭いデジタル空間から解放され、ゲートに向かう人々の列が連なる。画の前で立ち止まり滝の流れる壁面を眺める旅人は少ない。皆手続きを早く済まそうと足早に画の前を通り過ぎようとするその時、雲肌麻紙の「ウォーターシュライン」から自然の気が発散される。人々は無意識のうちに日本の大自然に包まれ、デジタルで押し潰されていた心のバランスを取り戻し、身も心も清らかになって日本の地を踏むのである。

デジタル空間の中で現代人が心の居場所を失った時、アナログの和紙は身近に見つけることのできるシェルターとなる。和紙はデジタル時代に生きるデジタル人ともいうべき人々の心を包み込んでくれるのである。

大徳寺聚光院の千住作品

千住は羽田空港の壁画制作に携わってからほどなく、京都にある大徳寺《だいとくじ》聚光院《じゅこういん》（大徳寺の塔頭《たっちゅう》寺院）本院と、静岡県伊東市にある大徳寺聚光院別院にそれぞれ新たに建てられた書院の襖絵を制作した。

京都の大徳寺は十四世紀前半に創建された禅宗寺院で、あまたの名僧を輩出し、日本文化に多大な影響を与え続けてきた、日本の知性を象徴する場所の一つである。聚光院本院の方丈《ほうじょう》（住職の居室）には、狩野永徳《かりのうえいとく》の「花鳥図《かちょうず》」とその父である狩野松栄《しょうえい》の「瀟相《しょうしょう》八景《はっけい》図《ず》」の襖絵があり、ともに国宝になっている。フランスのルーブル美術館が日本に「モナ・リザ」を貸し出した時、その交換としてフランス側に貸し出されたのがこれら狩野派の絵画だったという。

千住は、聚光院本院の襖絵として、太古の滝の流れ落ちるさまを鮮烈に描き、聚光院伊東別院の襖絵には、水の森、砂漠、滝、竜、波をテーマに描いた。両院の襖絵に共通するのは、旧来の日本画に見られるような花鳥風月が一切描かれていないことである。

聚光院本院に新築された書院は、永徳父子の花鳥図と向かい合う位置にある。千住は新書院の襖絵のテーマを滝にした。「天地が創造され、水と重力と適度な湿度が地球に与えられ、滝となった水が一面の崖から流れ落ち、山水が生まれる緑あふれる大地を生み、鳥が舞い、花が咲く。そのすべてを見据える滝の存在こそ世界の始まりの象徴としてこの禅寺にふさわしい」。千住は滝を描いた理由をこのように説明している。

同作品は全体に岩絵の具の群青が塗られ、その上を白い滝が流れ落ちる。使用した雲肌麻紙は、大地も滝も含む宇宙のすべてを支える。千住は、「和紙と向かい合い岩の粉末と天然の膠のことに考えを巡らすこと、自然と対話することそのものに、日本画の深さの本質的真髄があるのではないか」という。

聚光院本院は千利休の墓がある名刹で、昔から茶人たちの聖地だった。二十一世紀の茶人たちは宇宙の始まりの滝に囲まれて、太古の昔を感じながら茶を喫する時間を持つことになったのである。

ニューヨークの著名な美術評論家であるドナルド・カスビットは、二〇〇七年に刊行された千住博の著書『千住博の滝』に次の言葉を寄せた。

「千住の色と技法はまさに神業で、彼は絵の具のことを知悉《ちしつ》している。千住は天然素材を粉末にした岩絵の具を、手漉きの和紙に塗っている。自然の中にあるものをそのまま原料にしているという点で、彼の絵の具は根源的なものであり、宇宙の創造と変遷を体現しているといえる」

明治画壇の巨匠と千住博の志向性

明治の頃、横山大観が文明開化の波にさらされた日本画に危機感を抱き、朦朧《もうろう》体運動（日本画の没線描法）を展開したことは有名である。大観は新しい日本画を実現させるための画材として、越前五箇の岩野平三郎に特注した和紙で描くことにこだわった。大観の他にも小杉放庵《こすぎほうあん》、竹内栖鳳などの名だたる日本画家も、平三郎と意見交換し自分に合う紙を求めた。彼らが残した百通を超える往復書簡からは日本画の危機への切迫感が伝わってくる。

さらに時代は進む。大観たちが求めたのは自らの技法を実現させるための画材だったのに対し、千住は画材の本質や特性を追究する中で日本画の新しい表現を模索した。西洋絵画でも画材への関心は本格的だったとはいえない。千住は洋の東西を通し、誰も試みたことのない次元での制作を始めたのである。

千住作品とパレルゴン

日本画に限らず日本の美術作品は、画材や技法と作品内容が極めて密接に関係しながら作品として完成する。しかし、日本は明治の文明開化を迎えた際も、目新しい西洋美術の受け入れに忙しく、自国の伝統文化についての評価を十分にしてこなかったのではないだろうか。

世界中の絵画で、日本画ほど、表現者の精神と技法に加えて、画材（パレルゴン）が本質的なところで作品と分かちがたく結びつき、美を生み出している例はない。屏風芸術の章で触れたジャック・デリダが予言したように、千住作品はパレルゴンが日本の芸術作品においていかに大きな意味を持っているかを実証しようとしているともいえる。

千住少年と岩絵の具

千住は少年の頃、ある公募展で日本画を見た時、まず天然の岩絵の具に強く惹かれたという。それは彼の内側に眠っている何かを引っ張り出し、日本画家への道を歩ませるきっかけとなった。

千住にとって、岩絵の具の魅力は第一に触感だったという。美しい天然の絵の具はそれ自体が宝石であり、ざらざらしていてマットな魅力にあふれていた。日本では太古より、天然の顔料として岩絵の具が使われており、古墳壁画などの形で今に残っている。

千住は、自分が岩絵の具に強烈に惹きつけられたのは、太古の記憶が自分のＤＮＡに潜在し、反応したのではないかと考えている。

進化し続ける千住博の和紙使い

千住にとって必須の画用紙（支持体）は、越前の紙漉き岩野平三郎が開発し、横山大観たちが使った手漉きの雲肌麻紙である。しかし、千住の雲肌麻紙の使い方は、旧来の日本画家とは大きく違った。その上、その使い方はベネチア・ビエンナーレ以後も進化し続けた。

ある時、アトリエの片隅に折れ皺がついた雲肌麻紙が落ちていた。紙は一度でも折れ皺がつくと、いつまでも消えずに使えない。千住は残念だが捨てようと紙を手に取った時、その皺が崖の岩肌に見えた。こんな所に美が存在しているのかと感動した彼は、夢中になって皺々の紙に岩絵の具を載せて崖を描いた。彼は、瀬戸内海の直島《なおしま》の古民家の座敷の襖に、皺のついた和紙を使った崖の絵を描き、この新しい技法は美術専門家たちから高い評価を得た。

制作に際して、壁に立てかけた和紙に岩絵の具を流す実験をしたこともある。岩絵の具をデリケートに変化させて流すと繊細な表現となり、荒々しく流すと豪快に表現され、千住の想いをそのまま作品に反映できた。

また、和紙には裂こうと思っても破れない強さと、髪の毛ほどの細い線をも受け止める細やかさを併せ持つ。和紙の持つ個性の数々は千住の創作にとってかけがえのない味方だった。

4　高野山金剛峯寺の襖絵に挑む

千住博の滝は「視覚化された真言」

先述の『千住博の滝』に、美術評論家のカスビットは興味深い言葉を残していた。「千住の滝は宗教体験を求める宗教者のごとく遠心的に旋舞すると同時に、急進的に収束する。その神秘的な水の流れは、舞い踊る修行者の衣の裾がはためくさまを抽象的に描いたようにもとれる」「この滝はいわば視覚化されたマントラである」滝の画を視覚化されたマントラ（真言《しんごん》）と定義したカスビットは、図らずも千住作品の行方を予言することとなった。

弘法大師が創立した金剛峯寺《こうごうぶじ》は高野山真言宗の総本山である。二〇一五年の高野山開山千五百年を記念して、千住は金剛峯寺大主殿の二つの部屋の襖絵を制作することになったのである。

千住が挑んだ二つの襖絵

日本の伝統ある大寺院と同様、金剛峯寺も多くの優れた美術品で埋め尽くされている。寺の中心である大主殿の広間には、狩野派繁栄の礎を築いた狩野元信《もとのぶ》の絢爛たる「四季花鳥図」がある。

千住が襖絵を依頼された二つの部屋、「茶の間」と「囲炉裏の間」は同じ大主殿にあるが、なぜかこの二つの部屋は創建当時のまま寺の丸い紋印だけを薄く描いた白い襖が使われてきた。

千住が描くことになった囲炉裏の間の襖は全長二十五メートルを超え、茶の間の襖は全長十六メートルを超える。二つ合わせて四十四面にもおよぶ長大な襖絵だった。

千住は、四国の海に山にと空海の修行の跡を訪ねつつ、想を練った。

囲炉裏の間には仏壇が置かれ、空海自筆とされる自画像が飾られている。部屋の奥の小部屋には歴代座主《ざす》の位牌が安置される、高野山の中心部である。千住は囲炉裏の間の襖に、天地の始まりであり、悟りにも通じる滝（「瀧図」）を描くことにした。

一方、茶の間の襖には、空海が修行をした高野山の断崖（「断崖図」）を描くことにした。

高野山には今も昔も悟りを求める修行僧たちがやってくる。茶の間は高野山で修行し、悟りを得ようとする人たちが剃髪式に臨む部屋である。千住の「断崖図」は、修行僧たちにこれからの修行の厳しさや難しさを教え、その彼方に開けるであろう新たな境地を示すものとなるのである。

茶の間の「断崖図」制作

日本で空海の修行の跡を訪ねつつ制作の想を練っていた千住はニューヨークに戻り、作品制作を開始した。その制作風景を追う長期取材のテレビドキュメンタリー番組「千住博空海の宇宙を描く」（NHK）は、千住が空海の修行と悟りの世界を描き出すさまを映し出している。

茶の間の「断崖図」は、揉んで皺になった雲肌麻紙に描かれた。一面に皺のついた紙に白い胡粉で崖を描き、その上に岩絵の具を載せて崖の肌を浮かび上がらせる。

千住は大判の雲肌麻紙を縦に横に揉み続ける。それは紙を相手にした彫刻のようでもあった。狙い通りの岩肌を作ろうと紙と格闘するが、皺は紙のなりたいようにしかならない。繊維の長い和紙は揉んでも破れず、その瞬間瞬間に本当の強さと美しさを発揮する。千住はそのような和紙にこそ日本文化の本質が象徴されていると気づいたという。

2020年秋、高野山金剛峯寺大主殿に納められた日本画家・千住博の襖絵（上：茶の間「断崖図」／下：囲炉裏の間「瀧図」）。
（上）金剛峯寺で修行する者は、空海も修行した高野山の断崖の襖絵のある茶の間で剃髪式に臨む。
（下）天地の根源から流れ落ちる囲炉裏の間の「瀧図」。ここは金剛峯寺の中心部で、襖を開けると奥には空海の秘仏や歴代座主の位牌が安置されている。

（写真提供：高野山金剛峯寺）

空海の悟りは生の充実であり、そこには生命力があふれていなければならない。千住は雲肌麻紙のごつごつした岩肌に樹々を一本ずつ、気の遠くなるような丁寧さで描き込んでいく。それは空海の修行の日々のようであった。

アトリエの千住は制作の手を休め、テレビカメラに向かってつぶやくように話しかける。

「ここに樹々を描けと絵が言ってきたとしか言いようがない。これで完成かな。毎日、ここ描いてくれ、ここ描いてくれという声が聞こえるものなんです。それが、ある時、聞こえなくなる日が来る。それから絵が私の手から離れて、もう君に描いてもらわなくてもいいよと」

「この紙の強い個性は創作の想像力をも刺激します。実際の仕事では紙を寝かせて、その中に入り込むようにして制作するのですから、心も体も雲肌麻紙に包まれます」

雲肌麻紙を使った崖は見事な絵画空間として完成した。

囲炉裏の間の「瀧図」制作

囲炉裏の間の「瀧図」は、雲肌麻紙にグレーに焼いた天然群青で岩が描かれた。その岩の上を流れる滝は白い胡粉を流して表現する。千住は胡粉が滲まないように特別な膠を使った。岩に滲まず重力に引かれるままに落下していく胡粉は、人知を超えて流れ落ちる滝となる。さらに、スプレーガンを使って滝の飛沫を描き、仕上げられていく。すべて塗り直しはできないが、その直しがきかないことこそ日本文化の特色だと千住は考える。

雲肌麻紙は明治の世に誕生して以来、最も充実感を感じた仕事だったに違いない。

日本画は表具師の手を経なければ作品として完成しない。襖は屛風に優るとも劣らぬ複雑な構造をしており、表具文化のないアメリカで襖に仕立てることは不可能である。千住の四十四面分の作品はしっかりと梱包されて表具師のいる日本に送られた。

高野山金剛峯寺襖絵の完成

二〇二〇年十月、ニューヨークで描かれた画は京都の表具師たちの手により見事な四十四面の襖絵となり、高野山金剛峯寺・大主殿に納められた。千住が制作依頼を受けてから五年の歳月が過ぎていた。

作品が大主殿に納められる日、千住は高野山を訪れた。部屋に入った千住の顔はニューヨークのアトリエで見せた苦悩とは一転して喜びに包まれた。表装が完成し襖絵となった自作との初対面だった。

大主殿の茶の間は、若き日の空海が修行した高野山の崖で囲まれていた。崖の岩肌の一木一草は修行する空海のあふれる生命観を感じさせ、創作の苦労を超えて見事な襖絵となっていた。隣の囲炉裏の間には「瀧図」が置かれていた。千住は滝を描く時、白く流れ落ちる水の奥の空間に悟りを開いた空海がいると確信していた。

この日、寺側は囲炉裏の間の裏にある部屋を千住に見せてくれた。「瀧図」の襖の一つを開くと小さな部屋があり、そこには門外不出の空海の秘仏が安置されていた。千住が制作中に想っていたことは現実だったのである。

大主殿の襖絵は、二十一世紀のデジタル時代に生きる日本中の人の心を支える大事な役割を担うこととなった。

5　和紙と日本人の心

千住作品の先見性

千住がベネチア・ビエンナーレに作品を出展した二十世紀の終わり、世界は生殖という人間生存の根幹を脅かすエイズウイルスに怯えていた。

千住は一九九四年に提出したビエンナーレの制作趣意書の末尾に、「今、エイズ後の西欧において最も必要なものは、生命本来の健康感です。私の示す滝であり同時に墜落である作品は、世界の人々にどのように映るのでしょうか」と書いた。

千住のビエンナーレでの受賞から二十数年後、二十一世紀の世界は新型コロナウイルスという新たな疫病が広がった。その上に折悪しくと言うべきか、二十一世紀の人間社会にはもう一つ、デジタルという巨大モンスターが当然のような顔をして入り込んでいた。

人間はエイズと同じように新型コロナを終わらせることができるかもしれない。しかし、デジタルは社会の体制や組織を超えて、人間そのものをもデジタル化していく。デジタルがエイズや新型コロナより厄介なのは、デジタル化は人間自身が欲して始めたことである。人間は外からの侵入者であるウイルスに対するのと同様には、デジタルを人体から排除できないのである。

優れた芸術作品は未来を予見する。千住作品のビエンナーレ受賞は、その後に発生した新型コロナだけではなく、二十一世紀のデジタル社会の課題を予感させるものだった。日本社会が千住作品を迎え入れてきたのは、本格的なデジタル社会の到来を予感し、大自然・大宇宙に心の拠り所を求めようとする人々の気持ちを表すかのようである。

デジタルがますます速度を増し人間社会が変化していく時、そこに生きるデジタル人とでも言うべき人間にとって最大の課題は、いかに心の平和を持ち続けていくかである。

デジタル時代の和紙の役割

幸い、日本には自然生まれの和紙がある。日本人には長い歴史を通してアナログの和紙がＤＮＡの一部として組み込まれてきた。千住の雲肌麻紙のように、和紙は使ってくれる人によって次々に新しい表情が生まれる。これから先、日本人はかたわらに置いた和紙に多様な力を発揮させることで、押し寄せるデジタルの衝撃を受け止めていくことができるはずである。

和紙としても、身につけている大自然の持つ力を存分に発揮して、今後とも日本人の心を包んでお役に立つつもりである。

エピローグ

アメリカのシリコンバレーにデジタル産業が誕生したのは一九七〇年代だった。昨今は、かつてない速さで世の中のあらゆるもののデジタル化が進み、世界中がネットワークで結ばれつつある。

デジタル化で後れを取る日本が、この先やっとの思いで他国に追いついたとしても、そこにいる人間に個性がなければ、ただ世界のデジタルの波に埋没するばかりであろう。

日本を愛し雪舟の水墨画を愛したドラッカーは、一九七五年に出版した本の中で、日本が諸外国と伍していくための五つのポイントを示している。それは日本人独特の生活のあり方や価値観、空間をデザインする能力などである。

彼は言う。「以上は要するに日本人の存在の根源に関わる要因である。日本が果たして今後そういう精神力を持ち続けられるかどうかは、大きな課題であろう。有史以来、最も激しい国際化の波に揺れ動いている現在の日本が、雪舟の水墨画に見られるような高度な日本文化を今後も生み出していけるかどうか、私は大きな関心を持って見守っている」

今、世界中の人々はデジタル勝者になることの引き換えに、人間らしい心の自由を差し出し、没個性化に向けて走り出しているように見える。その中にあって、ドラッカーの提言は今の日本人にとって胸に刺さる言葉である。

ドラッカーの言を受けたかのように日本の伝統文化から多くを吸収し、デジタル産業の発展に多大な貢献した人物がいる。しかし、それは日本人ではなかった。アップルの共同創業者の一人、スティーブ・ジョブズである。

ジョブズは少年時代に友人の家で川瀬《かわせ》巴水《はすい》の浮世絵と出会い、作品の美的センスとエレガンスに強く惹かれた。巴水は、大正・昭和期に「新版画」という、水彩画のような豊かで美しい色彩、高い写実性、叙情性などを特長とする新しい浮世絵版画を確立した絵師で、巴水の新版画はジョブズにとって終生切り離せないものとなった。

新版画は、緻密な色合いなどの高い芸術性を表現するために、江戸期の浮世絵の何倍もの摺りを重ねる。また、馬連の跡をあえて目立たせる「ざら摺り」や、のこぎり歯のようなぎざぎざした輪郭線を出す「かげ彫り」なども、新版画の特長である。これらは、和紙に一層の強さを要求したが、和紙はそれに見事に応えた。

長じてIT技術者となったジョブズは、高性能かつ使いやすいコンピュータを作ることに人生を賭けた。目標は、新版画のように豊かな芸術表現が可能で、かつその仕事を一人でこなしてしまえるようなコンピュータを作ることだった。

一九八四年、ジョブズが寝食を忘れるような努力の末、ついにマッキントッシュPCを発表した時、PC画面に映る宣伝映像は、新版画の画家、橋口五葉《はしぐちごよう》が長い黒髪の浴衣姿の女性を描いた「髪梳《す》ける女」（一九二〇年作）だった。日本の伝統文化がデジタル技術の最先端と融合したのである。

和紙は、長きにわたり、日本の伝統文化の中心として働いてきた。草木から生まれた和紙は、それ自体が癒やしでもあり、千住博が日本画で表現してくれたように、現代人の心を包み込む力を持っている。そしてもう一つ、ドラッカーの言を受けて言わせていただくなら、日本が国際化の波に立ち向かっていくためにも、和紙には今後とも日本人の中に生き続けて、持てる力をいかんなく発揮してもらいたいのである。本来なら、ジョブズといわず、日本人こそが伝統文化の力を発揮できるのではないだろうか。

日本人が心身のバランスの取れた新しいデジタル社会を作り上げることができたら、和紙としては浮世絵をはるかに超える大本懐であり、それは人類への大きな貢献となるはずである。

おわりに

私が会員になっている和紙文化研究会は、毎月一回開かれる例会に日本橋で江戸時代から続く小津和紙という和紙問屋の一室をお借りしている。和紙文化の研究にとって、真にふさわしく由緒正しき場所である。

和紙文化研究会はお世辞にも大規模組織とは言えないが、文房四宝をはじめとする多彩な専門家が集い、和紙の繊維や漉き方、保存性や耐久性、和紙製品の見分け方などの分析や、文献研究を日々行っている。この本は日々の分析・調査から得られた知見を私なりにまとめたものでもある。様々ご指導いただいている和紙文化研究会の諸先輩方にお礼を申し上げたい。

デジタル一辺倒の現代社会にこそ、日本のアナログ代表のような和紙の存在は貴重なはずである。本書の編集にあたって多岐にわたる内容を整理し、困難な作業を遂行して下さった草思社編集部の貞島一秀さんには深くお礼をする次第である。

お読みいただいたように、日本の社会や文化芸術の全般にわたって、和紙の関係しないところはない。和紙の働きぶりはあまりに広範で巨大であり、紹介できたのはそのほんの一部である。私の良くない癖として、詰め込みすぎて至らないところがあるかもしれない点についてはお許しいただきたい。

私が和紙に興味を持ったのは、長年携わった放送の職場を定年で離れて、イタリアの職人たちを数年にわたり現地取材し本にまとめたのちのことである。イタリアも日本も伝統文化を失わずに先進国になった興味深い国である。日本を離れて西洋の文化を直に知り、逆に日本文化について深く考えされられたと言ってもよい。その後、日本史を学び直すために大学の史学科に入り、卒論テーマにしたのが周防岩国藩と和紙との関係だった。

日本では、これまで和紙の社会的意義を考察するような内容の本ほとんど見当たらなかった。洋紙の社会的意義について西洋文化圏の視点から書かれた本はあるにもかかわらず、である。本書が和紙をはじめとする日本の広く深い伝統文化を一層理解する一助となることを願いたい。

日本の伝統文化を調べるにあたって、私に多くの知見と愛を与えてくれた妻の智子には、感謝の気持ちでいっぱいである。

二〇二三年九月

朽見行雄

主な参考文献・資料

第一章　日本人と「紙」との出会い

糸島市立伊都国歴史博物館編『平成29年度　伊都国歴史博物館冬季特別展　伊都国の王都を探る』糸島市立伊都国歴史博物館　二〇一八年
武末純一、平尾和久「三雲・井原遺跡番上地区出土の石硯」『古文化談叢 第76集』九州古文化研究会　二〇一六年
渡邉義浩『魏志倭人伝の謎を解く』中公新書　二〇一二年
関晃『帰化人』講談社学術文庫　二〇〇九年
平川南『漆紙文書の研究』吉川弘文館　一九八九年

第二章　正倉院文書に見る古代の和紙作り

久米康生『和紙の源流』岩波書店　二〇〇四年
冨谷至『木簡・竹簡の語る中国古代』岩波書店　二〇一四年
平勢隆郎ほか『世界の歴史2　中華文明の誕生』中央公論社　一九九八年
木簡学会編『木簡から古代が見える』岩波新書　二〇一〇年
増田勝彦「正倉院文書料紙調査所見と現行の紙漉き技術との比較」『正倉院紀要 第32号』宮内庁正倉院事務所　二〇一〇年
増田勝彦「紙の漉き方日・中・韓」『百万塔百四十八号』紙の博物館　二〇一四年
潘吉星『中国製紙技術史』佐藤武敏訳　平凡社　一九八〇年
浅香年木『日本古代手工業史の研究』法政大学出版局　一九七一年

第三章　和紙の力で鎮護国家を築いた聖武天皇
日野楠雄ほか「正倉院宝物特別調査　筆調査報告」『正倉院紀要第43号』宮内庁正倉院事務所　二〇二一年
宍倉佐敏「科学の眼で見た奈良朝古経料紙」『水茎28号』古筆学研究所　二〇〇〇年
栄原永遠男『奈良時代の写経と内裏』塙書房　二〇〇〇年
東京大学史料編纂所編『大日本古文書　編年之9（追加3）』東京大学出版会　一九八七年
仲洋子「写経用紙の入手経路について」『史論93集』東京女子大学学会・東京女子大学史学研究室　一九八〇年
川村純一『病いの克服　日本痘瘡史』思文閣出版　一九九九年
保立道久『歴史のなかの大地動乱』岩波新書　二〇一二年
宮内庁蔵版 正倉院事務所編『正倉院の紙』日本経済新聞社　一九七〇年
壽岳文章『日本歴史叢書14　日本の紙』吉川弘文館　一九六七年
末木文美士『草木成仏の思想　安然と日本人の自然観』サンガ　二〇一五年

第四章　和紙と紙巻筆が生んだ源氏物語
紫式部千年祭実行委員会編「紫式部千年祭特別講座　紫式部とその時代」紫式部越前竹生来遊千年記念事業実行委員会　一九九六年
石川九楊『二重言語国家・日本』中公文庫　二〇一一年
大野晋『古典基礎語の世界　源氏物語のもののあはれ』角川学芸出版　二〇一二年
瀧浪貞子『源氏物語を読む』吉川弘文館　二〇〇八年
名児耶明『書の見方　日本の美と心を読む』角川選書　二〇〇八年
島谷弘幸『料紙と書』思文閣出版　二〇一四年
町田誠之『源氏物語紙の宴』書肆フローラ　二〇〇二年

第五章　平家一門を西方浄土に導いた装飾料紙
田中親美『西本願寺本三十六人集』日本経済新聞社　一九六〇年
小松茂美『小松茂美著作集』旺文社　一九九六年
島谷弘幸『料紙と書』思文閣出版　二〇一四年
増田勝彦、昭和女子大学『平安時代料紙の技術―着色繊維による加飾：羅文、打雲、飛雲など』（文部科学省科学研究費補助金研究成果報告書）二〇〇七～二〇〇九年
日本・紙アカデミー『紙―昨日・今日・明日』思文閣出版　二〇一三年

第六章　雪舟の水墨画と日本人の心
金沢弘『雪舟の芸術・水墨画論集』秀作社　二〇〇二年
山口県立美術館雪舟研究会編『雪舟等楊「雪舟への旅」展研究図録』「雪舟への旅」展実行委員会　二〇〇六年
島尾新『水墨画入門』岩波新書　二〇一九年
狩野永納編『本朝画史』笠井昌昭ほか訳注　同朋舎出版　一九八五年
景山由美子「伊藤若冲が愛した画紙について」『和紙文化研究 第24号』和紙文化研究会　二〇一六年
松岡正剛『侘び・数寄・余白　アートにひそむ負の想像力』春秋社　二〇〇九年
松岡正剛『山水思想』ちくま学芸文庫　二〇〇八年
山口晃『ヘンな日本美術史』祥伝社　二〇一二年
原田正俊『日本中世の禅宗と社会』吉川弘文館　一九九八年
P・H・ドラッカー『日本画の中の日本人』狩野貞子訳　ダイヤモンド社　一九七九年
P・H・ドラッカー『知の巨人　ドラッカー自伝』牧野洋訳　日経ビジネス人文庫　二〇〇九年
松尾知子『ドラッカー・コレクション　珠玉の水墨画』美術出版社　二〇一五年
久保尋二編著『芸術分類の様態と原理』多賀出版　一九八九年

第七章　和紙の蝶番が拓いた屏風芸術

武田恒夫『近世初期障屏画の研究　図版』吉川弘文館　一九八三年
渡邊明義、岡興造、石川登志雄『装潢史』国宝修理装潢師連盟　二〇一一年
岡本吉隆『表具　和の文化的遺伝子　表具の設計と表具地の用法』清華堂　二〇〇七年
仲町啓子『美術館に行こう　琳派に夢見る』新潮社　一九九九年
藤岡忠美『平安朝和歌　読解と試論』風間書房　二〇〇三年
田島智子『屏風歌の研究　論考編』和泉書院　二〇〇七年
泉万理『中世屏風絵研究』中央公論美術出版　二〇一三年
佐藤道信『〈日本美術〉誕生　近代日本の「ことば」と戦略』講談社叢書メチエ　一九九六年
ジャック・デリダ『絵画における真理　上』高橋允昭、阿部宏慈訳　法政大学出版局　一九九七年
阿部美由起「ゴットフリート・ゼンパーの素材概念」『美学 51巻4号』美術出版社　二〇〇一年
ローター・ミュラー『メディアとしての紙の文化史』三谷武司訳　東洋書林　二〇一三年
朽見行雄「日本画の構造と和紙の位置」『和紙文化研究 第22号』和紙文化研究会　二〇一四年
朽見行雄「日本画の構造と和紙の位置Ⅱ」『和紙文化研究 第23号』和紙文化研究会　二〇一五年
クラウス・グリム『額縁の歴史』前堀信子訳　リブロポート　一九九五年
長谷川純子『15世紀フィレンツェに於ける額縁に関する研究』（京都造形芸術大学博士論文）二〇一〇年
ダニエラ・タラブラ『イタリア人に学ぶ日本人が知らない名画の見かた』田澤優子訳　エクスナレッジ　二〇一三年

第八章　和紙が支えた徳川の天下泰平

根岸茂夫『近世武家社会の形成と構造』吉川弘文館　二〇〇〇年
桂芳樹編著『岩国藩財政史の研究』岩国徴古館　一九八六年

岩国市史編纂委員会編『岩国市史』岩国市役所　一九六二年
広瀬喜運『玖珂郡志』桂芳樹校訂　マツノ書店　一九七五年
大阪市編『大阪市史　第四上』清文堂出版　一九七九年
保坂智『百姓一揆とその作法』吉川弘文館　二〇〇二年
小野晃嗣『日本産業発達史の研究』法政大学出版局　一九八一年
佐々木潤之介『技術の社会史　2』雄斐閣　一九八三年

第九章　浮世絵は和紙の本懐

瀬木慎一、桂木紫穂編著『日本美術の社会史』里文書店　二〇〇三年
ファン・ゴッホ『ゴッホの手紙』砧伊之助訳　岩波文庫　一九七八年
馬渕明子『ジャポニスム　幻想の日本』星雲社　一九九七年
岸文和『江戸の遠近法』勁草書房　一九九四年
『ボストン美術館浮世絵名品展　鈴木春信』日本経済新聞社　二〇一七年
大久保純一『浮世絵出版論』吉川弘文館　二〇一三年
樋口二葉『日本書誌学大系35　浮世絵と板画の研究』青裳堂書店　一九八三年
関根只誠編『浮世絵百家伝』六合館　一九二五年
小林忠『春信』三彩社　一九七〇年
国立歴史民俗博物館編『企画展示　錦絵はいかにつくられたか』歴史民俗博物館振興会　二〇〇九年
前川新一「近世越前五箇の紙商人　その形成と発展」『百万塔 十六号』紙の博物館　一九六三年
前川新一「近世越前五箇の紙商人　その取引先と取引」『百万塔 十七号』紙の博物館　一九六三年
山川隆平「江戸初期の紙価」『百万塔 十七号』紙の博物館　一九六三年
渡辺京二『逝きし世の面影』平凡社ライブラリー　二〇〇五年

第十章　和紙の里・越前の文明開化
小葉田淳編著『岡本村史』岡村村刊行会　一九五六年
斎藤岩男『越前和紙のはなし』越前和紙を愛する今立の会　一九七三年
前川新一編著『福井県和紙工業協同組合五十年史』福井県和紙工業協同組合　一九八二年
吉田敏和『紙の流通史と平田英一郎』紙業タイムス社　一九八八年
高橋正隆『絵絹から画紙へ　岩野平三郎伝』文華堂書店　一九七六年
八百山登編『和紙と日本画展　岩野平三郎と近代日本画の巨匠たち』福井県立美術館　一九九七年

第十一章　現代人の心を包む和紙～日本画家・千住博の雲肌麻紙～
「日本画」シンポジウム記録集編集委員会編『「日本画」内と外のあいだで』ブリュッケ　二〇〇四年
千住博、宮島達男『疑問符としての芸術　千住博＋宮島達男対談集』美術年鑑社　一九九九年
千住博『千住博　ヴェネツィア日誌』求龍堂　一九九六年
千住博『NYアトリエ日記』時事通信出版局　二〇一一年
NHKBS「千住博　空海の宇宙を描く」二〇二〇年
NHKスペシャル「高野山　千年の襖絵　空海の世界に挑む」二〇二一年

エピローグ
P・F・ドラッカー『日本画の中の日本人』狩野貞子訳　ダイヤモンド社　一九七九年
NHKニュースウェブ「スティーブ・ジョブズ『美』の原点」二〇二一年
NHKBS1「スティーブ・ジョブズ　ものづくりの原点」二〇二三年

著者略歴――――
朽見行雄　くちみ・ゆきお
ジャーナリスト。和紙文化研究会員。
1934年北海道生まれ。59年北海道学芸大学卒業後、NHK入局。北見放送局、報道局報道番組部で番組制作に従事。90年NHK退職。その後、イタリアで文化や伝統工芸職人について取材。2010年和紙文化研究会員。2011年國學院大學文学部卒業。著書に『フィレンツェの職人たち』(JTB、のち講談社＋α文庫)、『イタリア職人の国物語』『イタリアワインの職人たち』(いずれもJTB)。

日本史を支えてきた和紙の話

2023年　10月　3日　第1刷発行
2024年　3月　11日　第2刷発行

著　者　朽見行雄
デザイン　あざみ野図案室
発行者　碇　高明
発行所　株式会社 草思社
〒160-0022　東京都新宿区新宿1-10-1
電話　営業 03(4580)7676　編集 03(4580)7680

本文組版　鈴木知哉
印刷所　中央精版印刷株式会社
製本所　中央精版印刷株式会社

ISBN978-4-7942-2679-2 Printed in Japan　検印省略